Warum Projekte schiefgehen – und wie man sie erfolgreich stabilisiert

Anleitung zum Belasten oder Sanieren von Unternehmens-Initiativen

Henning Zeumer

EOB Unternehmensberatung
der Projekt-Sanierer (Hrsg.)

Warum Projekte schiefgehen – und wie man sie erfolgreich stabilisiert

Anleitung zum Belasten oder Sanieren von Unternehmens-Initiativen

Henning Zeumer

EOB Unternehmensberatung der Projekt-Sanierer (Hrsg.)

Bibliografische Information der Deutschen Nationalbibliothek:
Die Deutsche Nationalbibliothek verzeichnet diese Publikation in der Deutschen
Nationalbibliografie; detaillierte bibliografische Daten sind im Internet über
http://dnb.dnb.de abrufbar.

© 2021 Henning Zeumer

Herstellung und Verlag: BoD – Books on Demand, Norderstedt

ISBN: 978-3-7543-1456-2

INHALT

VORWORT UND MANAGEMENT SUMMARY

In fast allen Unternehmen gehören Projekte zum Geschäftsalltag, so selbstverständlich wie das laufende Geschäft.

Die Bedeutung von Projekten im Unternehmen darf also nicht unterschätzt werden. Neben dem Tagesgeschäft, also dem Kerngeschäft des Unternehmens, in dem sich wiederholende, standardisierte Wertschöpfungsprozesse wie Produktion, Verkauf, Marketing und Service stattfinden und üblicherweise der Umsatz des Unternehmens erzielt wird, sind Projekte der Teil des Unternehmens, in dem es sich an die sich ändernden Anforderungen von Markt, Gesetzen, gesellschaftlichem Kontext usw. anpasst. Veränderungen und Weiterentwicklungen im Unternehmen erfolgen immer in Projekten, die per Definition „Vorhaben, die im Wesentlichen durch die Einmaligkeit der Bedingungen in ihrer Gesamtheit gekennzeichnet sind" (DIN 69901) und üblicherweise ein Mittel sind, um Aktivitäten, die außerhalb der normalen Geschäftätigkeit liegen, zu erledigen. Ohne diese Veränderungen gäbe es in Unternehmen keinen Fortschritt sondern Stillstand, der bekanntlich immer zum „Tod" führt. Projekte sind also ein Muss in allen Unternehmen, und sie sind unerlässlich für ihr Wachstum und ihre Zukunftssicherung.

Allein diese Tatsache impliziert bereits, dass die Organisation jedes Unternehmens so gut aufgestellt sein muss, um Projekte neben dem Tagesgeschäft innerhalb der Organisation effizient ausführen zu können. Ist das Geschäft selbst dann auch noch von Projekten bestimmt mit vielen Kundenprojekten oder muss es häufig sich ändernden Anforderungen angepasst werden, stellt das natürlich nochmals erhöhte Anforderungen an die Art und Weise, wie Projekte in diesen Unternehmen durchgeführt werden.

Projekte betreten in der Regel Neuland. Daher ist viel Unerwartetes zu erwarten, und sie laufen sehr häufig nicht schnurgerade ab. Viele Projekte bleiben sogar in einer Krise stecken.

Ich habe dieses Buch geschrieben, weil ich in meiner Praxis als „Feuerwehrmann" für Krisenprojekte fast immer – in unterschiedlicher Melange - auf die gleichen Probleme treffe, die in die Projektkrise führen. Bezeichnenderweise sind diese Stolpersteine, übrigens in allen Branchen und bei allen Arten von Projekten, meist so trivial (Stichwort „gesunder Menschenverstand"), dass man sich wundern muss, warum sie immer wieder den Projekten in die Quere kommen. Dieser interessanten Tatsache widme ich deshalb ein ganzes Kapitel (Kapitel 1 „Warum Projekte schiefgehen"), sozusagen als „Appetithappen" zum Lernen und Bessermachen, und ein zweites (Kapitel 2 „Wie man Krisenprojekte erfolgreich saniert"), wie man sinnvoll an die Sanierung eines Krisenprojektes herangehen sollte.

Eine weitere Tatsache, wenn auch nicht streng wissenschaftlich untersucht und ohne umfassenden, statistischen Beleg, ist, dass die Mehrzahl der Ursachen für Projektkrisen außerhalb der Projekte zu suchen sind, nämlich in den Organisationen, die die Projekte durchführen. Da hier auch in der Regel die Verantwortlichkeit für die Projekte liegen muss, sollte der Weg aus der Schieflage eines Projektes unweigerlich auch in die Organisationsstrukturen, oft auch verbunden mit der Unternehmenskultur, führen, zur Ursachenbekämpfung und -Vorbeugung, damit nicht gleich das nächste Projekt wieder in die gleichen Fallen läuft. Frei nach Pareto gemessen am Gewicht, den diese Ursachen an den Symptomen in den Projekten haben, verdienen die hier notwendigen Anpassungen und Veränderungen für ein gedeihliches Durchführen von Projekten erhöhte Aufmerksamkeit und strategischen Aktionsbedarf insbesondere für die Führungsebene dieser Unternehmen. Sie bilden übrigens den Schwerpunkt meines zweiten Buches („Erfolg und Wachstum in projektorientierten Unternehmen", das diese Problemstellung mit einem Ansatz zur Sanierung und Vorbeugung von Krisenprojekten aus einer etwas mehr betriebswissenschaftlichen Perspektive betrachtet.

Der geneigte Leser wird beim Lesen vielleicht nicht sehr viel ihm noch Unbekanntes erfahren, noch in diesem Buch eine Vorlagensammlung finden. Dazu gibt es in der einschlägigen Lernliteratur genügend Material, und auch im Internet wird man sehr schnell fündig. Er wird aber viele neue Sichtweisen auf Bekanntes, insbesondere auf die möglichen Einschränkungen in seiner Organisation in Hinsicht auf die Durchführung seiner Projekte gewinnen. Dadurch wird er eine klare Vorstellung davon bekommen, an welchen Stellschrauben er akute Probleme angehen und künftige Krisensituationen in Projekten vermeiden kann.

Dieses Buch ist jedoch kein Gebetbuch oder Kochrezept, das man einfach abarbeiten kann, sondern es erfordert Kreativität und genaues Verstehen der Abläufe in Projekten und der Unternehmensorganisation, um diese im für Projekte positiven Sinne zu verändern. Daher ist, neben dem gesunden Menschenverstand, ein wenig methodisches Knowhow und Erfahrung im Projektmanagement für das Verständnis der Problemursachen und -bekämpfung notwendig, auf

Managementebene gepaart mit dem Bewusstsein der Verantwortlichkeit für die Projekte des eigenen Bereichs.

Das Buch richtet sich deshalb nicht nur an erfahrene Projekt- und Programmmanager, sondern auch und gerade an Geschäftsführer, Bereichs- und Abteilungsleiter, in vielen Branchen und Betriebsgrößen und in Unternehmen mit relevantem Projektaufkommen und damit starkem Einfluss von Projekten auf das Geschäft.

PROBLEMSTELLUNG PROJEKTE IN KRISENSITUATIONEN

Übereinstimmend berichten Untersuchungen[1] seit vielen Jahren, dass durchschnittlich immer noch mehr als die Hälfte aller Projekte ihre Zeit-, Kosten- und/oder Inhalts-/Qualitätsziele nicht erreichen, 19% werden vorzeitig beendet. 33% der Budgets wird für das „Reparieren" von Projekten ausgegeben. Rechnen Sie mal die Summen, die hier verbrannt werden (bei z.B. allein IT Projektvolumen ca. 890 Mrd.$ in 2010 jährlicher Schaden 19% = 155,6 Mrd. $)…

	2011	2012	2013	2014	2015
SUCCESSFUL	29%	27%	31%	28%	29%
CHALLENGED	49%	56%	50%	55%	52%
FAILED	22%	17%	19%	17%	19%

Abbildung 1: Projekt-Erfolgsquoten (Standish Group 2015)

In vielen Fällen der beruflichen Praxis des Autors hat alles mit einem Projekt begonnen, das gehörig in Schieflage geraten war, und für das man einen erfahrenen Projekt-Sanierer herangezogen hatte, um dem Verbrennen von Geld ein Ende zu setzen. Das ist ein guter Ansatz, denn solange sich noch wenigstens ein bisschen Nutzen aus dem Projekt erzielen lässt, ist das besser, als es einfach abzuschreiben!

---

[1] Quellen: Gartner Reports, Standish Group Chaos Reports, Studien von PMI und GPM usw.

WARUM PROJEKTE SCHIEFGEHEN

In vielen Blogbeiträgen[2] und Veröffentlichungen des Verfassers wird versucht, die Wurzeln schlechter Projekte vor Augen zu führen: Mangelnde Wertschätzung und Bewusstsein für den Wert guten Projektmanagements in den Unternehmen. Nun soll sich ein wenig den Details gewidmet werden, und weil es so viele sind, wird das die nächsten Abschnitte in Anspruch nehmen.

Im Folgenden soll als Oberbezeichnung für Programme und Projekte aller Größenordnungen und andere Vorhaben und Investitionen eines Unternehmens der Begriff „Initiative" verwendet werden, da die beschriebenen Sachverhalte nicht nur in Projekten sondern auch in vielen Vorgängen, die nicht vom Tagesgeschäft geprägt sind, anzutreffen sind.

1. Grundlagen legen – von Anfang an

Die folgenden Zeilen zeigen, wie man eine Initiative schon vor oder zu Beginn zum Scheitern verurteilen kann:

Der CEO eines Unternehmens sieht sich in einem Dilemma: Umsatz und Gewinn des Geschäfts seines Unternehmens steigen nur langsam, die Abteilungen haben bereits die Kosten an den Rand des Möglichen beschnitten. Der Markt des Unternehmens ist reif, hat seinen Höhepunkt erreicht, d.h. es ist mit hohem Cash, aber auch absehbar mit Rückgängen zu rechnen. Aber er weiß, dass die Firma wachsen muss, damit sie an Wert gewinnt. Zukäufe sind jedoch teuer und riskant. Also setzt er ein paar Initiativen in Bereichen mit hohem Wachstumspotenzial auf und beauftragt ein paar

---

[2] Siehe https://eobz.de/?cat=4 „Tipps & Diskussionen"

vielversprechende Jungmanager damit, sie zu leiten. Um sicherzustellen, dass die neuen Unternehmungen nicht gebremst werden, sollen ihre Manager an einen speziellen Lenkungskreis unter Vorsitz einer bewährten Führungskraft berichten, und sie werden in „sicherer Entfernung" vom Tagesgeschäft durchgeführt.

Hört sich das bekannt an? Sollte es, denn die Geschichte hat sich immer wieder so in tausenden größeren und mittleren Unternehmen in den letzten 20 – 30 Jahren zugetragen. Aber wir haben auch gesehen, dass dieses konventionelle Vorgehen ein Rezept für Misserfolg ist. Was auch erklärt, warum immer noch mehr als die Hälfte der neuen Initiativen in etablierten Firmen nicht den erwarteten Erfolg bringen, und warum nur noch ein Teil der Unternehmen von heute (einschließlich der DAX-Firmen) in einigen Jahren am Markt sein wird.

Allzu oft sehen CEOs und ihre Führungsmannschaft das Managen des Tagesgeschäfts als ihren Hauptjob an und stecken nicht genügend Zeit in ihre Initiativen und in die Art lernende Organisation und Kultur, die Wachstum braucht. Sie scheitern daran, die Leitlinien und Aktionen zu identifizieren, die sie – und nur sie selbst - anwenden können, um die Bedingungen für Erfolg zu schaffen, und ein Signal für die Organisation zu setzen, wie ernst sie es mit ihrer Unterstützung für Wachstum meinen.

Hier sind sechs häufige Fehler, die Executives oft schon beim Aufsetzen von Projekten machen, und gleichzeitig ein Leitfaden, wie man es besser machen sollte:

1.1. Fehlende, richtige Übersicht

Nicht selten enthält die Projekt-Pipeline von Unternehmen mehrere wichtige Initiativen und Projekte gleichzeitig, oftmals auch mit gemeinsamen oder sich überschneidenden Zielen[3]. Ihr Fortschritt soll meist auf zweierlei Art überwacht werden: Der CEO oder ein anderer Executive auf Vice-President-Level würden einstündige Reviews jeder Initiative alle 6-8 Wochen durchführen, und der COO oder CIO, je nach direkter Zuständigkeit für die Durchführung, geben dem Executive Team halbjährlich eine 15-Minuten Zusammenfassung zu jeder Initiative.

Aber abgelenkt durch andere Prioritäten lassen der CEO und seine VPs ihre Reviews etwas schleifen. Über kurz oder lang werden sie nur noch alle vier bis sechs Monate durchgeführt. Um es noch schlimmer zu machen, „grillen" die beiden Executives die Leiter der Vorhaben für die falschen Dinge. Zu einer Zeit, wo die Teams versuchen, ihren Kunden zuzuhören, um die für sie wichtigen Dinge zur Definition der Inhalte, Nutzenerwartungen, Business Cases usw. zusammenzutragen, fragen sie Dinge wie „wann wird es fertig?", „wie viel Umsatz können wir in 18 Monaten erwarten?" oder „wie sieht der ROI voraussichtlich aus?" Der oberflächliche Halbjahresbericht des CIO/COO geht in der Diskussion um Betriebs- und Finanzprobleme des Kerngeschäfts unter. Die Führungskräfte des operativen Geschäfts hören mit mildem Interesse zu, meinen aber, sie hätten keine Aktien in den Initiativen, noch sind sie willens, diesen Ressourcen, die sie für den laufenden

---

[3] Im Projektmanagementkontext werden solche gleichgerichteten Projekte auch als Programme bezeichnet bzw. in Programmen zusammen gemanagt, wenn sich dadurch ein Vorteil gegenüber einer separaten Durchführung erzielen lässt.

Betrieb in ihren Geschäftsbereichen ja selbst brauchen, zur Verfügung zu stellen oder sie zu unterstützen.

Als Resultat erhalten die Projektteams keine sinnvolle Richtung vom Senior Management. Viele ihrer Probleme und Entscheidungen, speziell solche, die Ressourcen oder Fähigkeiten erfordern, welche von den etablierten Geschäftsbereichen gehalten werden, bleiben ungelöst.

Das ist nicht ungewöhnlich: Der CEO und seine Senior Manager übernehmen nicht die gleiche volle Identifikation und Verantwortung für Wachstum und Veränderung wie für die Einnahmen. Sie führen sporadisch Reviews zum Vorhabens-Fortschritt durch und fokussieren Dinge, die noch nicht bekannt sein können oder gerade nicht zählen. Da das kollektive Wissen der Projektteams dem ihren weit voraus ist und deren Einsichten sich im Laufe der Projekte und Programme noch mehr vertiefen und nuancierter werden, haben die Chefs zunehmend Schwierigkeiten, die Unterhaltung zu verstehen, geschweige die wirklichen Probleme. Infolgedessen können sie den Initiativen nicht ausreichend helfen und ihnen erfolgskritische Ressourcen und Rahmenbedingungen geben.

Abhilfe schafft hier nur, die Teams bei ihrer Reise zu begleiten. Das bedeutet, sinnvoll Zeit mit den Teams und ihren Kunden zu verbringen. CEOs, die wirklich engagiert sind und sich ihren Initiativen verpflichtet fühlen, widmen 20-40% ihrer Zeit diesen Aktivitäten. Sie fragen sich und die Teamverantwortlichen immer wieder „Welche (Kunden-)Probleme müssen wir lösen?", „Was müssen wir lernen, um auf diesem Terrain effektiv zu sein, welche Fähigkeiten müssen wir erlangen?", „Wie bringen wir den Nutzen auf die Straße?", „Was sind die kritischen Meilensteine?" und „Wie kann ich dem

Team helfen?" Der Executive und das Team sollten jedes Meeting mit einer Liste von Aufgaben und deren Fälligkeitsdatum verlassen!

In einem Unternehmen mit einer Vielzahl solcher Initiativen mag der CEO realistischerweise nicht genug Zeit haben, um sich um alle zu kümmern. In diesem Fall sollte er einen weiteren „Stabs-Executive" zur Unterstützung einsetzen. Die Betonung liegt auf „Unterstützung", denn der CEO muss immer der Chef seiner Zukunftsinitiativen bleiben.

Zu Beginn einer Initiative sollten der Stabs-Executive und der Chef der funktionalen Einheit, in der bzw. für die sie hauptsächlich durchgeführt werden soll und der auch der „Sponsor"[4] der Initiative sein sollte, zusammen als Verantwortliche arbeiten. Der Stabs-Executive sollte die finanzielle Ausstattung kontrollieren und sich für das Team beim Lernen der Kundenanforderungen, Erreichen der Meilensteine, Identifizieren von Grundursachen von Problemen und Ausräumen von Vorschriften und Verhaltensweisen, die das Vorhaben behindern, einsetzen. Gleichzeitig sollte er den Senior-Linienmanager coachen. Wenn die Initiative an Fahrt gewinnt, sollte der Senior-Linienmanager zunehmend die Steuerung übernehmen und schließlich verantwortlich für das Vorhaben werden. Dieser Ansatz ist wichtig, um mehr Seniors aus den operativen Bereichen dazu zu bringen, der Zukunft mehr Zeit, persönliches Engagement und Verantwortung zu widmen. Merken wir uns außerdem: Eine Initiative, die keinen

---

[4] Der „Sponsor" einer Initiative ist eine Person aus dem oberen Management, der die Ressourcen und Unterstützung der Organisation für die Initiative geben kann, die sie für eine erfolgreiche Durchführung benötigt. Er ist hauptverantwortlich für den Erfolg der Initiative.

Sponsor mit einem sehr starken Interesse an ihrem Erfolg hat, soll man am besten erst gar nicht beginnen!

1.2. Die falschen Talente in der Verantwortung

Große Unternehmen übergeben die Verantwortung für Projekte und Programme typischerweise an zwei Arten von Mitarbeitern: Die erste ist die der jungen, smarten, ambitionierten Manager. Des CEOs Überlegung: Die Vorhaben sind tolle Gelegenheiten zur Entwicklung, und, wenn die Youngsters versagen, wird das keinen großen Einfluss auf die laufende Performanz des Unternehmens haben. Der zweite Typ sind Fachleute mit tiefer Erfahrung in einem speziellen funktionalen Gebiet, manchmal sogar mit einiger Projekterfahrung. Selten haben die Vertreter beider Typen aber eine solide Ausbildung im Projekt- oder Programmmanagement und fühlen sich in dieser Disziplin zuhause. Der CEO denkt selbst bei strategisch wichtigen Projekten nicht ernsthaft an einen erfahrenen Linienmanager aus dem Kerngeschäft als Kandidaten. Die werden für die Quartalsgewinne gebraucht, meint er, haben nicht den notwendigen Unternehmergeist und würden unzweifelhaft eine solche Aufgabe als Herabstufung ansehen.

Aber diese Positionen sind keine „Entwicklungschancen" oder Jobs für Projektmitarbeiter. Ein Zukunftsprojekt in unsicheres Gelände zu führen ist fundamental anders und schwieriger als ein Multimillionen-Geschäft mit bewährten Steuerungsmechanismen zu leiten. Konsequenterweise sollten deshalb die besten (Projekt-)Manager der Firma solche Initiativen führen. Ein wichtiges Zukunftsprojekt wird fast zwangsläufig Fähigkeiten und Ressourcen aus den laufenden Geschäftsbereichen benötigen, und diese Manager haben die interne Netzwerke und das Verständnis der Organisationskultur, das gebraucht wird, um sie auch wirklich zu bekommen. Sie wissen, was geht und was nicht, und nicht zuletzt haben sie das Selbstvertrauen, um entscheidungsfreudig zu sein und, wenn nötig, den Kurs zu ändern.

Einen Programmmanager für ein strategisches Vorhaben zu finden, ist noch schwieriger. Die meisten Manager in großen Firmen sind smart, haben gute „People Skills", können Vertrauen und Begeisterung aufbauen, lieben den Umgang mit Kunden, kennen die Details ihres Geschäfts, haben tiefe Produktentwicklungs-Kenntnisse, machen zuverlässig ihr Business und liefern Ergebnisse. Aber zusätzlich dazu haben gute Programmmanager noch etwas mehr: Sie sind neugierig und können auf ein Problem durch unterschiedliche, oft gegensätzliche oder unkonventionelle Linsen sehen. Sie glänzen beim Mobilisieren von Ressourcen und wissen genau, wo's langgeht, aber auch wann man die Richtung wechseln muss. Sie können sehen, wenn eine Produktentwicklung nicht profitabel sein wird, und sie in eine Service Opportunity umwandeln. Sie erkennen einen nicht darstellbaren Nutzen im Business Case und wechseln den Kurs, um eine größere Chance zu nutzen. Während ihre Teams Ideen nachgehen und die Meilensteine zu erreichen suchen, haben sie einen klaren Blick für das richtige Maß und die richtige Ausrichtung von Skills, Fähigkeiten, Metriken, Risiken, Maßnahmen, Kommunikation, Aktivitäten, wie Leute zusammenarbeiten und sich verhalten usw.

1.3. Falsches oder unreifes Team

Senior Executives, die ein Team zusammenstellen sollen, greifen oft zu den Leuten, die gerade verfügbar sind. In vielen Fällen sind das nicht unbedingt die Stars der Unternehmen.

Außerdem wird das Team aufgestellt, bevor irgendjemand genau weiß, was getan werden soll und welche Skills dafür gebraucht werden.

Hier eine andere Vorgehensweise: Sich auf Kenntnisse, nicht auf Verfügbarkeit konzentrieren, und die Initiative erst besetzen, wenn das Ziel, der Inhalt, das Vorgehen und der Business Case klar sind. Im noch unreifen Klärungszustand ein Projekt aufzublasen ist verschwendetes Geld.

Am Beginn einer Initiative sollte eine Tabelle erstellt werden mit den Kenntnissen und Fähigkeiten, die gebraucht werden. Dann muss versucht werden, die Leute zu finden (intern oder extern), die am besten in die Profile passen.

Wenn bestimmte Skills nur für einen bestimmten Zeitraum gebraucht werden, holt man sie sich temporär. Das Zusammenstellen von Fähigkeiten ist ein kontinuierlicher Prozess. Wenn Produktlinien erweitert und das Geschäft sich vergrößert, werden die Bedürfnisse des Vorhabens vielleicht anders oder weitergehender werden als die Skills des CFO, Verkaufsleiters oder anderer Mitarbeiter. Also werden auch hier Anpassungen nötig sein.

1.4. Falscher Ansatz zur Performance-Messung

Viele Unternehmen neigen dazu, die gleichen Metriken und Meilensteine, die sie in ihrem Tagesgeschäft benutzen, auch auf ihre Projekte und Programme anzuwenden. Das ist meist nicht nur nutzlos, sondern sogar schädlich.

Im etablierten Geschäft werden typischerweise Dinge wie Volumen, Umsatz und Gewinn im Verhältnis zu den Geschäftsplänen gemessen. Hingegen sollten junge Initiativen Metriken benutzen, die ihren Fortschritt im Verstehen der

Kundenprobleme und des Lernens, wie man diese lösen kann, abbilden. Eine sinnvolle Messung gilt z.b. dem Fortschritt, die Kombination von Kenntnissen und Fähigkeiten zu kultivieren, um das Projekt seinem nächsten Meilenstein näher zu bringen. Andere Messgrößen können die Anzahl der Interaktionen zwischen Executives und Projektleitern und den Kunden sein, oder der Erfolg des Teams, schnell Prototypen zu bauen, die Ergebnisse von Funktions- und Markttests, oder auch Umfang und Art von Kundenbeschwerden zum Produkt über die Zeit vom ersten Prototyp an – und wie das Projekt darauf eingehen kann. Nicht alle Metriken, die am Anfang eingesetzt werden, erweisen sich als zielführend. Daher sollten sie regelmäßig überprüft und, wenn nötig, geändert werden.

Für jede Initiative sollten Meilensteine, die für das jeweilige Stadium ihrer Entwicklung relevant sind, gesetzt werden. Das Team sollte bei der benötigten Zeit bis zu ihrem Erreichen mitreden dürfen, und das Ergebnis sollte realistisch, nicht überambitioniert sein. Aber es darf nicht erlaubt sein, Meilensteine auszusetzen, und das Erreichen sollte für die weitere Freigabe von Budgets Voraussetzung sein. Ein derart diszipliniertes Vorgehen wird helfen, dass Initiativen nicht aus dem Ruder laufen.

Sinnvolle Meilensteine für eine Zukunftsinitiative sind z.B.:

- *Das Kundenproblem (Pain Point) identifiziert zu haben*
  Welches Problem wird das Produkt oder der Service, den die Initiative entwickeln soll, lösen?
- *Das Nutzenversprechen (für den Kunden) formuliert zu haben*
  Warum wird der Kunde das Produkt haben wollen? Die Erklärung sollte reale Informationen über die Pain Points und die Nutzenerwartung reflektieren.

- *In der Lage sein, schnell Prototypen und Testumgebungen zu bauen*
  Viele Unternehmen haben gute Skills und Prozesse, um ihre bestehenden Produkte im Markt zu prüfen und zu verbessern, nicht aber, um ganz neue Produkte zu testen, bevor sie auf den Markt kommen. Dazu müssen solche Fähigkeiten dafür aufgebaut oder ein externer Partner für das Testmanagement gefunden werden.
- *Eine Generalprobe erfolgreich durchführen*
  Ein Anwendungstest mit mindestens einem großen Kunden bzw. einer Auswahl von Key Usern sollte den Nachweis erbringen, tatsächlich ein Problem gelöst zu haben, das dem Kunden wichtig ist.
- *Zeigen, dass für das Produkt eine breite Nachfrage besteht*
  Wenn die Generalprobe erfolgreich war, heißt das noch nicht, dass auch andere Kunden das gleiche, damit auch bei ihnen gelöste Problem haben. Die Ergebnisse des Tests müssen mit den Nutzenversprechen gespiegelt werden, um die „Marktreife" zu bestimmen.
- *Einen „Geschäftsplan" und finanzielle Ausblicke entwickeln*
  Der Geschäftsplan muss eigene Meilensteine und messbare Aktivitäten beinhalten wie etwa ein Arbeitsmodell für die Serienfertigung, die Beschaffungskette, Personal- und Trainingsbedarf usw. Die Grundannahmen müssen mit dem finanziellen Ausblick verbunden werden. Im Tagesgeschäft sind akkurate Finanzzahlen heilig, bei neuen Produkten jedoch ziemlich suspekt. Daher müssen Vorhersagen auch eine Aussage zur Wahrscheinlichkeit beinhalten und die hierfür getroffenen Annahmen geprüft sein. Nicht selten wurden schon gute Initiativen begraben,

weil nach dem Verfehlen von ersten Forecasts die Finanzabteilung vorschnell die Mittel kappte.

- *Einen Umsetzungsplan entwickeln*
  Viel zu oft gibt es massenweise Pläne, um ein Produkt zu entwickeln, aber gerade mal eine Seite, die beschreibt, wie das fertige Produkt dann im Betrieb implementiert wird. Das erklärt, warum viele Initiativen an dieser Stelle straucheln. Die Lösung ist, das Projektteam mit den Schlüsselpersonen aus dem Management und den funktionalen Linien zusammenzubringen, um über alle möglichen Umsetzungsprobleme nachzudenken und einen detaillierten Plan dafür aufzustellen, auch wie man eventuelle Hindernisse aus dem Weg und Akzeptanz bei den Anwendern schafft. Und natürlich gehört dazu auch eine ToDo-Liste für jeden Verantwortlichen mit messbaren Kriterien zur Fortschrittsmessung.

Wie man in diesem Abschnitt sieht, ähnelt das Aufsetzen und die Durchführung einer Initiative sehr der Planung und Führung eines Unternehmens. Sie ist ein „Unternehmen" innerhalb des Unternehmens und sollte deshalb auch mit Personen mit entsprechenden Skills und (Führungs-)Qualitäten besetzt werden!

1.5. Unwissenheit über projektgerechte Mittelausstattung

Sehr häufig werden komplexe Initiativen nicht angemessen mit Mitteln versehen und diese auch wirkungsvoll geschützt. Eine große Zahl von Unternehmen zwingt die Finanzierung ihrer Initiativen in den Rahmen ihrer jährlichen Budgetierungszyklen, obwohl deren Bedarfe oft gar nicht so genau vorhersehbar und vom Geschäftsjahr unbeeinflusst sind. Für viele Linien-Executives ist es auch durchaus üblich, eigentlich für solche Vorhaben reservierte Mittel zur Finanzierung von Bedarfen ihres laufenden Geschäfts abzuzweigen. Beides würgt die Vorhaben ab.

Das Management muss das Geld für seine Initiativen von den jährlichen Finanzzyklen abkoppeln, es schützen und Regeln für seine Zuweisung setzen. Als Best Practice hat sich ein unabhängiges Budget erwiesen, das dann – und nur dann – freigegeben wird, wenn die oben beschriebenen Meilensteine erreicht wurden. Der CEO – oder sein unterstützender Stabs-Executive – überwacht die Performanz, teilt das Budget zu und hat Zugriff auf zusätzliches Kapital, wenn unvorhergesehene Bedarfe aufkommen. Budgets sollten nicht zurückgezogen werden, solange eine Initiative ihre Meilensteine erreicht. Auf der anderen Seite sollte man bei Verzögerungen auch sehr analytisch vorgehen und das Warum und die Auswirkungen zu verstehen suchen. Dann ist auch die Anwendung von klassischen Verfahren, um die Rentabilität des Vorhabens zu beurteilen wie DCFs oder IRR, genauso erlaubt wie bei Akquisitionen.

1.6. Keine Synergien aus Organisationskompetenzen

In den letzten zwei bis drei Jahrzehnten hat sich die Konvention durchgesetzt, dass neue Initiativen am besten vom laufenden Geschäft isoliert durchgeführt werden, um dieses nicht zu stören. Das ist falsch.

Das Kerngeschäft hat Projekten und Programmen viel zu bieten: F&E Kenntnisse, Wissen über das Verhältnis zu den Kunden, Marktforschungs-Erfahrungen und Kapazitäten, juristische Expertise, Recruiting- und Personalplanungs-Knowhow, bewährte Qualitätssicherungs-Prozesse usw. Ganz und gar unabhängige Initiativen wenden viel Zeit und Geld auf, das alles erst von Grund an aufzubauen. Wenn man die Assets und Skills der bestehenden Organisation sinnvoll einsetzt, kann man das Risiko der neuen Vorhaben signifikant reduzieren und auch die Zeit bis sie positiven Cash Flow generieren. Das ist mit ein Grund, warum es so wichtig ist, die Führung und Steuerung von Initiativen so zu strukturieren wie oben beschrieben.

Idealerweise müssen die Ressourcen des Kerngeschäfts als Dienstleister der neuen Initiativen angepasst werden, insbesondere wenn auch das Business Modell des Unternehmens projekt-getrieben ist. Es ergeben sich dadurch eine Reihe von Synergien auch für die Business Lines, etwa bei der gemeinsamen Nutzung von Marktstudien zur Kundenzufriedenheit einerseits und zum Erkennen von interessanten Lücken im Angebot. Die Finanzabteilung fokussiert typischerweise auf das Controlling der Budgets, das Erreichen von Einnahme-Zielen und das Minimieren von Risiken. Die Zahlen aus den Initiativen sind dabei hilfreich bei der Abschätzung des Finanzbedarfs zum Erreichen der Meilensteine oder von finanziellen Auswirkungen eines Schwenks in der strategischen Ausrichtung.

1.7. Rationale: Projekterfolg wird maßgeblich vom Management beeinflusst

Top-Manager müssen eine zentrale Rolle spielen, wenn Initiativen Ressourcen aus den Linien anfordern und konstruktiv nutzen wollen. Vielleicht ist nicht jedes Projekt aus der obersten Führungsebene zu betreuen und kann sinnvoll in die Verantwortung von nachgeordneten Managern gegeben werden. Das kann eine Herausforderung für Führungskräfte sein, die in der Linie herangewachsen sind, aber keine

Erfahrungen mit dem Mobilisieren von Unterstützung für neue Vorhaben besitzen. Wachstum und Zukunft eines Unternehmens ist und bleibt aber letztendlich immer Chefsache. Die Belohnung dafür ist jedoch ebenso enorm. Mit dem Ermutigen der Manager des Kerngeschäfts, Projekte und Programme mit besten Ressourcen und Wissen zu unterstützen, und mit dem Fördern solcher Skills und Verhaltensweisen wie den Kunden genau zuzuhören, zu experimentieren, innovativ zu sein usw. hilft der CEO der ganzen Organisation zu lernen, wie sie sich weiterentwickeln kann.

CEOs und andere Senior Executives sollen organisches Wachstum genauso ernst nehmen wie ihre Quartalszahlen. Aber sie müssen auch erkennen, dass der hier beschriebene Ansatz das etablierte System und die konventionelle Art zu Arbeiten herausfordert. Ohne angemessene Führung, Finanzierung, Messmechanismen und Steuerung scheitern Zukunftsinitiativen genauso wie andere Projekte auch. Wenn sie jedoch erfolgreich sind, wird die ganze Organisation daraus lernen, wie sie ihr Unternehmen ausbalanciert, um kurzfristige Gewinne und langfristiges Wachstum gleichermaßen zu generieren.

2. Überschätzte Technik

Was aber tun, wenn das Kind bereits in den Brunnen gefallen, ein Projekt in Schieflage geraten ist? Hier ist zunächst „Ursachenforschung" anzustellen, und dann die Maßnahmen zu definieren und umzusetzen, um aus der Projektkrise herauszukommen (siehe Abschnitt 2 „Wie man Krisenprojekte erfolgreich stabilisiert").

Es gibt eine Menge Studien über Probleme und Ursachen, warum Projekte schiefgehen. Um es gleich vorweg zu nehmen:

technische Probleme machen nur einen ganz geringen Teil, nämlich ca. 10%, dabei aus. Trotzdem suchen die meisten Verantwortlichen im Management und in den Projekten selbst zuerst und besonders hier. Das ist vor allem in stark engineering-lastigen Projekten zu beobachten.

Ein Beispiel: Ein F&E-Projekt in einer Maschinenbau-Firma war weit über den geplanten Zeit- und Budgetrahmen hinausgeschossen. Immer wieder wurde der Pilotbetrieb mit Testkunden hinausgeschoben, weil das Vertrauen in die Einsatzfähigkeit der technischen Lösung am Markt fehlte. Den Ingenieuren fiel nichts mehr ein, was sie noch verbessern könnten.

Das war auch die Quintessenz eines Projektsanierungs-Gutachtens, aber es zeigte auch und vor allem: Es gab im Management sehr unterschiedliche Auffassungen, was denn nun das Ziel des Projekts sein sollte – Stückkosten senken, technologische Führerschaft, schnellere und leistungsfähige Aggregate oder geringerer Wartungsaufwand. Und schon gar nicht waren messbare Kriterien für die Zielerreichung oder greif- und durch Tests ausräumbare Risikofaktoren vorhanden. Das Projekt hätte noch „ewig" weiterlaufen und in immer mehr Technik investieren können, ohne jemals sein (nicht definiertes) Ziel zu erreichen…

3. Vier Hauptursachen für Krisenprojekte

Das Problem war also auch hier nicht technischer Natur, sondern mangelhafte Auftragsklärung, ein unstrukturierter Projektansatz und eine im Grunde ziel- und planlose Durchführung des Projekts, was wohl einem erfahrenen und methodisch versierten Projektmanager nicht passiert wäre.

Es sind vielmehr vier Hauptfaktoren, die nach der langen und umfassenden Projekt- und Projektsanierungs-Erfahrung des Verfassers immer wieder zu Schieflagen in Projekten führen:

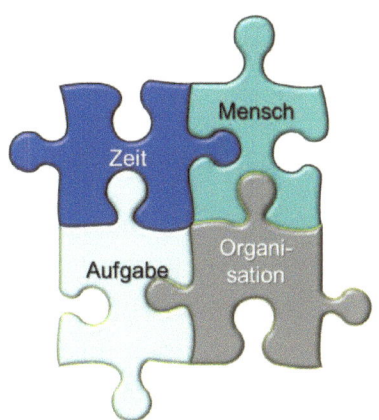

- der Mensch „Projektleiter",
- mangelhafte Unterstützung der Projekte durch das Unternehmen bzw. die Organisation,
- nicht genügend Zeit, für das Projekt und/oder das Projektmanagement und
- die Aufgabe selbst, insbesondere ihre Komplexität.

Die in den einschlägigen Statistiken meist genannten Faktoren Kommunikation, Mitarbeiter bzw. Skills, unklare Anforderungen usw. überschneiden sich damit, sind aber Auswirkungen der gewählten Ursachen-Cluster.

Auf diese vier Hauptgründe, warum Projekte schiefgehen, wird in den nächsten Absätzen spezieller eingegangen. Und zu jedem dieser Gründe werden auch passende Beispiele und die hierfür gefundenen Lösungswege geschildert, die im jeweiligen Fall doch noch zu einem Projekterfolg, Deckungsbeitrag, Businessnutzen oder Königsweg geführt haben.

3.1. Ursache Mensch

Schwaches Projektmanagement ist ein Produkt schwacher Management-Entscheidungen

Im Beispiel aus dem Maschinenbau oben hatte man einen „erfahrenen" Projektingenieur, eine Koryphäe in seinem Fachgebiet, zum Projektleiter berufen, der in seiner Forschung aufging, aber zu Projektmanagement und Mitarbeiterführung keinen wirklichen Draht hatte. Die „menschliche" Folge: Er investierte den Großteil seiner Zeit und Aufmerksamkeit in das Produkt, während die Planung und Koordination des Projekts hinten runter fiel. Als das Projekt zum Krisenprojekt wurde, fokussierte er sich auf das, was er am besten konnte, die Technik – und wieder litt das Projektmanagement.

Wenn sie das Managen ihrer Projekte ernst nehmen – und das sollten Executives spätestens nach dem Lesen der ersten drei Abschnitte dieses Buchs – dann sollte klar sein, dass x-beliebige Mitarbeiter durch ihre Teilnahme an mehreren Projekten nicht automatisch zu guten Projektleitern werden. Bestenfalls werden sie so gut wie ihre Vorbilder, aber vielleicht schauen sie sich dabei ja sogar schlechte Praktiken ab.

Gutes Projektmanagement kann man lernen

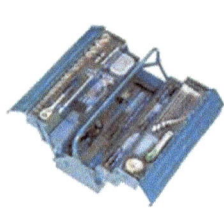

Wenn man ein Projekt erfolgreich leiten will, braucht man dafür wie in anderen Berufen auch eine methodische Ausbildung, die das Erkennen der Erfordernisse in der jeweiligen Projekt-situation und den situativ sinnvollen, virtuosen Umgang mit den einschlägigen Werkzeugen einschließt. Das ist gewissermaßen wie bei einem Handwerk, und so gibt es auch im Projektmanagement Lehrlinge, Gesellen und Meister, manchmal sogar Künstler und Doktoren.

Einem guten Projektmanager wären daher die Fehler in unserem Beispiel nicht unterlaufen, denn er hätte sich in seinem und im Projektinteresse von Anfang an um eine klare Ziel- und Aufgabendefinition gekümmert und die Unterstützung seiner Vorgesetzten konsequent eingefordert. Seine Planung hätte auf realistischen Annahmen gefußt, und er hätte Risiken und Abweichungen frühzeitig erkannt, eskaliert und gegengesteuert.

Projektmanagement ist eine Führungsposition

Damit ein Projektleiter das auch tun kann, braucht er noch einen weiteren Skill: Führungsqualitäten. Er ist der Manager seines ihm übertragenen Projekts, er verantwortet das Ergebnis und muss sein Team und auch seine Chefs so steuern, dass jeder seinen Beitrag zum Ganzen einbringt. Keine leichte Aufgabe, besonders wenn das Unternehmen nicht projekt-affin tickt. Und nicht jeder ist der Mensch für eine Führungsrolle, fühlt sich darin wohl. Wenn er aber seinen Job ernst nimmt, wird er Projektmanagement inklusive Führung konsequent anwenden. Andernfalls wird er bald zum Sündenbock, wenn das Projekt schiefgeht. Keine sehr motivierende Perspektive, oder etwas für opportunistische Projektmanagement-Nomaden, die sich so manchmal Projektleiter nennen…

Wieviel Fach- und Branchenwissen braucht ein Projektmanager?

Hier kommen wir zu einer Frage, die im Zusammenhang mit gutem Projektmanagement immer wieder gestellt wird bzw. in Ausschreibungen und Recruitments für eine Projektmanagementposition leider häufig undifferenziert betrachtet wird. Dabei beantwortet sie sich eigentlich von selbst: Sucht man einen Spezialisten für das jeweilige Fachgebiet oder einen Manager, der das Projekt erfolgreich führt und abliefert?

Die Aufgaben eines Projektmanagers sind vielfältig, er muss viele Fäden in der Hand halten und zusammenführen. Seine Arbeit besteht zu über 80% aus Kommunikation – im Team, mit Lieferanten, mit Vorgesetzten, mit Fachabteilungen und anderen Projekten, im Projektmarketing in seiner Organisation usw. Das bedeutet, er hat genug damit zu tun als dass er sich um fachliche Feinheiten kümmern sollte. Eine gewisse fachliche Affinität ist sicher notwendig - wer mit Technik nichts anfangen kann sollte nicht im Maschinenbau oder in der IT arbeiten - und Erfahrungen im fachlichen Projektumfeld sind immer sehr hilfreich, aber nicht Voraussetzung für gutes Projektmanagement.

Der Autor selbst hat in den mehr als 30 Jahren seiner Berufspraxis in nahezu allen Branchen erfolgreich Projekte geführt oder gar saniert, ohne dass ihn anfangs wenig fachliches Vorwissen oder Hintergrund dabei beeinträchtigt hätte. Im Gegenteil: Fehlende „Vorbelastung" hat es ihm ermöglicht, sich auf seinen eigentlichen Job zu konzentrieren und ihn richtig zu machen. Dass viele Projektmanager dieses Privileg nicht haben, wird im nächsten Abschnitt 3.2 noch näher beleuchtet werden. In sehr komplexen Initiativen ist manchmal vielleicht auch eine „Doppelspitze" sinnvoll.

3.2. Ursache Zeit

Zeit für Projektmanagement haben

Ein weiterer, häufiger Faktor als Ursache für Projekte in Schieflagen ist die Zeit. Damit ist weniger die Dauer

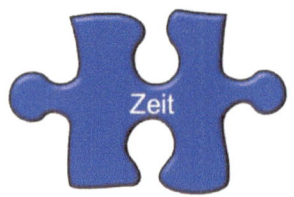

gemeint, die dem Projekt zur Ausführung gegeben wird. Die sollte eigentlich immer realistisch bemessen sein, nicht durch Wunschdenken oder willkürlich festgelegt. Das heißt, sie muss auf realistischen Schätzungen der ausführenden Mitarbeiter unter Berücksichtigung der Abhängigkeiten und Rahmenbedingungen basieren. Damit fällt "Dauer" unter die Rubrik "Mensch", also ob der Projektleiter einen kompetenten Job macht, oder unter „Organisation", nämlich ob man ihn das auch machen lässt.

Vielmehr liegt jetzt das Augenmerk auf der Zeit, die dem Projektmanagement eingeräumt wird. Schaut man sich viele Projektbudgets an, so taucht diese Position – die Zeit, die für gutes Projektmanagement aufgewandt wird, kostet schließlich Geld! – oft deutlich zu schmal kalkuliert oder sogar gar nicht auf. So als könne man diese Aufgabe mit billigen Kräften und/oder mal eben so nebenbei erledigen – so entstehen teure Projekte!

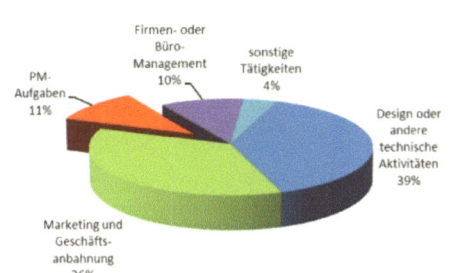

Abbildung 2: Tätigkeitsanteile im Projektmanager-Alltag

Tatsächlich zeigen einige einschlägige Statistiken (z.B. die auf http://eobz.de/?p=852 „Was Projektmanager so tun"), dass viele Projektleiter nur einen Bruchteil ihrer Arbeitszeit wirklich mit Projektmanagement verbringen. Der Großteil ihrer Zeit hingegen wird für Tätigkeiten wie Business Development, technische Ausführung, interne Linienaufgaben usw. aufgebracht. Der Grund liegt zumeist in der Art und Weise, wie das Unternehmen Projektmanagement "macht", aber oft auch im Selbstverständnis der Projektleiter, wie es im Abschnitt "Mensch" beschrieben wurde. Wenn alles andere aber wichtiger ist als Projektmanagement, dann muss man sich über eine miserable Projekt-Performance nicht wundern.

Die Zeit für Projektmanagement effizient nutzen

Natürlich ist die Professionalität, mit der ein Projektmanager zu Werke geht, ebenfalls eine Determinante für die Zeit, die er für Projektmanagement aufwendet. Erfahrene Projektmanager tun sich naturgemäß leichter, die vielen Aufgaben und Fäden in ihrer Hand zu halten und effektiv zu lenken. Dieser Faktor sollte bei der Besetzung des Projekts bedacht werden (vgl. Abschnitt 1.2) und fällt mit in die Problem-Rubrik „Mensch".

Ein gutes Beispiel für die Möglichkeit, Zeit zu verbrennen, ist die Anzahl und Durchführung von Meetings. Das ist sicher auch ein Stück weit beeinflusst von der Meetingkultur des Unternehmens. Ein guter Projektmanager wird Meetings auf die Gelegenheiten beschränken, wo er tatsächlich mehrere Personen an einem Tisch braucht, und wird danach trachten, Informationen nicht redundant in mehreren Meetings zu verteilen. Ein gut durchdachter Kommunikationsplan mit dem Wer-Was-Wann der Informationsverteilung macht sich da in frei werdender Zeit bezahlt. Auch eine gute Vor- und Nachbereitung sowie strukturierte und straffe Durchführung von Gesprächen hilft, effektiv vorwärts zu kommen und Zeit zu sparen.

Und ein guter Kommunikationsplan beinhaltet auch das Berichtswesen. Bedauerlicherweise nimmt der Informationsbedarf und die Taktfrequenz der Reports regelmäßig mit der Schieflage einer Initiative dramatisch zu. Absolut kontraproduktiv, wie man sich denken kann, und auch ziemlich unnötig. Denn statt gedanklich weit entfernte Gremien oder Executives hochfrequent mit allerlei Übersichten zu versorgen, die der Projektleiter meist zum (oft immer noch eingeschränkten) Verständnis der Vorgesetzten noch vortragen und erläutern muss, wäre ein Herabsteigen vom Olymp und ein regelmäßiges Begleiten der Initiative durch den Sponsor dem Verständnis für die Daten und Zusammenhänge und damit den Entscheidungen wesentlich zuträglicher. Damit entlastet man den Projektmanager für wichtigere Aufgaben zur Stabilisierung seiner Initiative.

Zeit effektiv für das Projekt haben

Die Zeit für Projektmanagement kann für den Projektleiter natürlich auch deshalb knapp bemessen sein, weil er mehrere Projekte gleichzeitig betreuen muss. In kleinen und mittelgroßen Unternehmen ist das wohl sogar der Normalfall. Das mag akzeptabel sein, wenn sich die Projekte in verschiedenen Phasen mit unterschiedlichem Bedarf an Aufmerksamkeit und Kommunikation befinden. Grundsätzlich – auch das belegen viele Studien – ist Multitasking aber durch das ständig wiederholte Sich-wieder-hinein-denken-Müssen sehr ineffizient, kostet also mehr Zeit, Geld und Risiko als konzentrierte Arbeit am Stück in nur einem Projekt.

Je mehr Leute im Team zusammen arbeiten, desto höher ist der Kommunikations- und Koordinationsbedarf schon in einem einzelnen Projekt. Die Anzahl der Kommunikationskanäle steigt mit jeder Person, seien es Team-Mitglieder, Stakeholder oder andere Beteiligte, exponentiell nach der unten stehenden Formel.

Wenn die Initiative also effektiv und effizient laufen soll, ist Projektmanagement ein Fulltime-Job. Da macht es auch Sinn, sich bei hohem Projektanfall personell zu verstärken, sei es mit eigenen, gut ausgebildeten Projekt-managern oder mit Externen. Denn je besser oder weniger

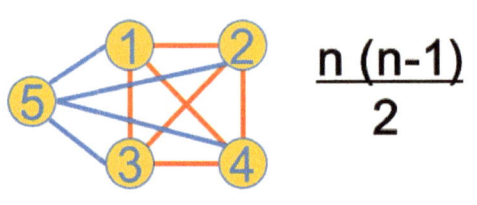

$$\frac{n\,(n-1)}{2}$$

Abbildung 3: Kommunikationskanäle

sich der Projektmanager um sein Projekt kümmern kann, desto besser oder schlechter wird es laufen. Das ist eigentlich eine Trivialität!

Aber hier sind wir schon bei der Einbettung der Projekte in die Unternehmens-Organisation und die Unterstützung durch das Management, dem Brennpunkt, warum Projekte schiefgehen, der als nächstes näher betrachten werden soll.

3.3. Ursache Organisation

Projekte und Linie in Konkurrenz

Wer hätte das gedacht? Mehr als die Hälfte aller Schieflagen von Projekten haben ihre Ursachen nicht im Projekt selbst! Man kann dort also wohl an den Symptomen kurieren und sanieren,

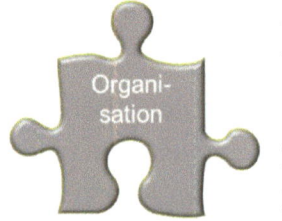

aber bei nächster Gelegenheit wird es wieder zu Problemen kommen.

Ein klassisches Beispiel: Der Projektmanager sucht Ressourcen für sein Projekt, bekommt aber nicht genügend

und nicht die, die er von den Skills her braucht, sondern die gerade frei sind. Das sind dann oft nicht die Guten, denn die werden ja für Linienaufgaben gebraucht. Und wenn dort viel zu tun ist, werden auch den anderen wieder neue Prioritäten gesetzt und sie im Regelfall wieder vom Projekt abgezogen...

Der überwiegende Teil der Projektprobleme entsteht also aus einer mangelhaften Unterstützung durch die ausführende Organisation, was wiederum in der Projektkultur, dem Mindset des Managements und der etablierten Organisationsstruktur begründet ist.

Ein weiteres, oft praktiziertes Beispiel ist, wenn wegen (zu) knapper Planung Dinge in der Fertigung nicht fertig geworden sind oder mit der „heißen Nadel" gestrickt wurden. Dann werden die „Nachbesserungen" und wegen der mangelnden Qualität noch auftretenden Probleme gern in das Projekt, in die Inbetriebnahme-Phase hinein verlagert. Das entlastet außerdem das Budget der Fertigungsabteilung, und Projekte dauern ja sowieso immer länger und werden teurer. Zu dumm nur, dass für die Nacharbeiten in aller Regel dann auch wieder die kostbaren Ressourcen aus der Fachabteilung angefordert werden müssen…

Wo Abteilungen oder Werke selbst ergebnisverantwortlich sind, werden übergreifende Projekte immer an zweiter Stelle kommen. Dumm nur, wenn das Unternehmen sein Geld sogar mit Projekten verdient, wie es etwa in IT, Beratung, Maschinen- und Anlagenbau usw. häufig der Fall ist. Dann sind vielfach die Geschäftseinheiten recht profitabel, aber nicht die Kundenprojekte. Man hat hier schon so oft Top-Qualität geliefert gesehen, nur eben nicht zum vereinbarten Meilenstein und im kalkulierten Budget.

Beide Beispiele zeigen: Wenn sich Abteilungen und Projekte miteinander streiten, verlieren beide – und mit ihnen das gesamte Unternehmen. Lokale statt gesamtunternehmerische Optimierung fordert halt ihren Tribut!

Mangelhafte Organisation und Infrastruktur

Kein Projekt kann ordentlich performen, wenn es permanent Ressourcenprobleme bekommt, wenn die Zusammenarbeit und Kommunikation im Team, zwischen Team und Organisation und zwischen den Abteilungs-Silos untereinander - weil ungewohnt - nicht funktioniert, oder wenn die Kompetenzen des Projektmanagers nicht seiner Verantwortung entsprechen.

In vielen Unternehmen fehlen zudem eingespielte, schnell greifende Prozesse für Entscheidungen, Eskalation, Risiko- und Change-Verfolgung usw. Manchmal ist nicht einmal eine ausreichende Infrastruktur für Projektarbeit wie z.B. Standards, Prozesse und Werkzeuge  vorhanden. Ganz auf sich gestellt gleicht der Projektmanager dann einem Don Quixote, ist die Motivation für engagierte Projektarbeit bei den Mitarbeitern im Souterrain und sind die Projektergebnisse entsprechend unbefriedigend.

Selbst wenn die Werkzeuge und Verfahrensanweisungen vorhanden sind und für Projekte zur Verfügung stehen, können Theorie und Praxis immer noch weit auseinander klaffen. Das Studium so mancher Lessons Learned im Wissensmanagement (sofern vorhanden) der Unternehmen offenbart manchmal gnadenlose Muster, wie immer wieder die gleichen, teuren Fehler gemacht werden. In vielen dieser Fälle wären die Mitarbeiter sogar willig und per Ausbildung in der Lage gewesen, all dieses Wissen effektiv anzuwenden. Allein die

Projektumstände, Druck von Oben und/oder aus dem Zeitplan usw. haben verhindert, als Projektmanager mehr als ein Dompteur zu sein, v.a. wenn es an allen Ecken an Ressourcen fehlt und der Projektmanager einspringen muss, um halbwegs die Lücken zu füllen.

Hausaufgaben machen!

Bevor man im Management also den Projektmanager eines Krisenprojekts zum Sündenbock macht, sollten Executives ihre ureigenen Hausaufgaben machen und kritisch prüfen, ob Projekte im Unternehmen die Rahmenbedingungen finden, um erfolgreich zu sein. Wenn das Geschäftsmodell dann noch projekt-getrieben ist, bergen weitergehende Überlegungen (vergleiche http://eobz.de/?p=2140 „Passt Ihre Organisations-struktur noch zu Ihrem Business?") zusätzlich enormes strategisches Potenzial.

Im Umkehrschluss muss aber konstatiert werden, dass alle anderen Maßnahmen zur Vermeidung von Schieflagen in Projekten ins Leere laufen, wenn sie vom Management nicht getragen und vom Unternehmen umgesetzt werden. Die Auswirkungen der firmenindividuellen Management-, Risiko- und Fehlerkultur dürfen dabei nicht unterschätzt werden, insbesondere was Widerstände gegen Veränderungen und den damit verbundenen Zeitbedarf für den Prozess zum nachhaltigen Change betrifft.

3.4. Ursache Aufgabe

Gemeinhin wird der Aufgabe als Ursache für Probleme in Projekten ein großes Gewicht zugemessen. Wie sich das mit technischen

Aufgabe

Schwierigkeiten verhält, wurde ja schon anfangs erläutert. Vielfach spielen aber ganz andere Aspekte der Projektarbeit eine viel größere Rolle warum Projekte schiefgehen.

Abhängigkeit durch fehlendes internes Knowhow

Denken wir einmal an Projekte, deren Aufgabe außerhalb der Kernkompetenz des Unternehmens liegt, etwa ein IT-Projekt in einem Fertigungsbetrieb. Hier fehlt oft nicht nur das interne Knowhow über das Projektprodukt, also z.B. das einzuführende IT-System, sondern zusätzlich auch die Erfahrung im Umgang mit dem externen Lieferanten oder Beratungshaus. Das Projektmanagement wird mit dem Gewerk zusammen gekauft, und so liefert man sich allzu oft dem Lieferanten vollkommen aus, wenn man nicht auf der eigenen Seite einen guten Projektmanager als Regulativ hat. Den kann man sich für solch eine Initiative fallweise extern besorgen, denn hier zählt neben der Methodenkompetenz im Projektmanagement ausnahmsweise auch die Erfahrung in derartigen Projekten oder gar mit dem Lieferanten (siehe Blog-Artikel https://eobz.de/?p=1896 „Übermächtige Partner führen"). Geschäftskritisches Prozess-Knowhow sollte man sich im Unternehmen dagegen schnellstmöglich intern aufbauen bzw. in den Fachabteilungen verfügbar machen – und sichern!

Komplexität der Aufgabe

Oder sprechen wir einmal statt über technisches Neuland über die Komplexität des Projekts selbst. Da gibt es eine Vielzahl von Schnittstellen zwischen Abteilungen (Stichwort abteilungsübergreifendes Arbeiten), Lieferanten und Unterlieferanten, alle mit eigenem Projektverständnis, Organisationsgrad und evtl. Zuverlässigkeit. In jedem Fall aber mit hohen Anforderungen an die Kommunikation und Koordination.

Vielleicht gibt es außerdem auch Abhängigkeiten von und mit anderen Projekten. In internationalen Projekten potenziert sich diese mögliche Fehlerquelle evtl. noch durch verteilte und/oder virtuelle Teams, kulturelle Unterschiede und Arbeiten über Zeitgrenzen hinweg.

Und dann gibt es noch einige wie die vielen prominenten Beispiele, wo die Komplexität noch zusätzlich durch Politik, Interessen und Einflussnahmen bis zur Absurdität getrieben wird...

Einen versierten und erfahrenen Projektmanager wird das nicht erschüttern. Wenn man ihn lässt und dabei unterstützt, wird er geeignete Methoden und Steuerungswerkzeuge entwerfen und anwenden, und er wird auch seine Stakeholder richtig managen und wo nötig „erziehen".

4. Projekt-Erfolg liegt in Management-Hand

Wie schon gesagt: Es gibt eine ganze Menge Parameter, die, mangelhaft gemanagt, schnell zu Projekten führen können, die schief gehen, weil sie von den Projektverantwortlichen unterschätzt und vom Einkauf billig aber unterqualifiziert oder an wichtigen Stellen gar nicht besetzt werden. Letztlich liegt es aber – natürlich nicht ausschließlich – an den Personen in der Entscheider-Etage, wie sie die Rolle, die Projekte in ihrem Unternehmen spielen, verstehen und wertschätzen, und wie sie die Regeln bestimmen, wie Projekte in ihrem Unternehmen aufgesetzt, mit Ressourcen ausgestattet, durchgeführt und unterstützt werden[5]. Das ist ein schönes Beispiel, wie Unternehmenserfolg wirklich maßgeblich vom Management beeinflusst wird.

5. Fallbeispiel

Ein Softwarehaus hatte ein Festpreisprojekt für die Implementierung eines Software-Systems verkauft und suchte nun mangels eigener, verfügbarer Kapazitäten einen Projektmanager für die "Auftragsabwicklung".

Trotz Projekt-Profiling der falsche Projektleiter

Im Rahmen eines Beratungsauftrags hatte der Autor die Anforderungen und Komplexität der Aufgabe aufgenommen (Projekt-Profiling) und aus seinem Netzwerk einen qualifizierten Kollegen vorgeschlagen. Das Vorstellungs-gespräch ergab einen "Perfect Fit", nur beim Tagessatz konnte keine adäquate Übereinkunft erzielt werden, der für das Systemhaus "betriebswirtschaftlich darstellbar" gewesen wäre. Im Ergebnis wurde ein Projektleiter für 150 Euro pro Tag weniger engagiert, wohl wissend, dass dessen Qualifikation geringer war.

Dem Geschäftsführer wurde zu Bedenken gegeben, dass er wohl den PM-Aufwand zu gering kalkuliert habe. Man bot ihm an, nach einem halben Jahr Projektlaufzeit kostenlos einen Projekt-Gesundheits-Check auf dieses Projekt durchzuführen.

---

[5] Vgl. auch Standish Group 2015

Das Ergebnis des Audits nach sechs Monaten

Diesem Chef ist es hoch anzurechnen, dass er die Größe hatte, seinen Fehler einzugestehen! Das Audit ergab denn auch deutliche Verzögerungen des geplanten Projektfortschritts durch Unterschätzen des Arbeitsaufwandes bei der Programmierung, Brüche in der Planung der Ressourcen und Beistellungen, unvorhergesehene Probleme bei den Schnittstellen, und latenten, schlecht gelenkten Disput über die vereinbarten Lieferungen und Leistungen. Die Stimmung im Projekt war bereits dabei, sich auf Positionen zurückzuziehen und diese zu sichern. Weiterer Ärger stand mit dem näher kommenden Termin für einen ersten Testlauf des Gesamtsystems ins Haus, weil dieses noch nicht so weit fertiggestellt war.

In nackten Zahlen stellte sich das so dar:

Einsparung Projektleiter 6 Monate x 20 Arbeitstage x 150 Euro	-18.000 Euro
Verzug des Projekts ca. 6 Wochen x 6 Mitarbeiter-FTE à 600 Euro/Tag	+108.000 Euro
Vertragsstrafe bei Verpassen des Integrationstest-Meilensteins 100.000 Euro (Wahrscheinlichkeit ohne Sanierung ca. 80% = Risikowert)	80.000 Euro
Kalkulation Mehraufwand für Sanierung ca. 4 Wochen zusätzliche 4 FTE	+48.000 Euro
plus Beraterhonorar Projektrevision und -sanierung	+24.000 Euro

Abbildung 4: Tabelle Kostenrechnung Krisenprojekt IT

Die Rechnung aufgemacht

- Die Entscheidung, einen billigeren, aber nicht ausreichend qualifizierten Projektleiter zu engagieren, hat das Unternehmen nach einem halben Jahr also bereits 90.000 Euro gekostet.
- Hinzu kommen 72.000 Euro, um den harten Meilenstein halten zu können und die Vertragsstrafe von weiteren 100.000 Euro zu vermeiden, angesichts eines Risikowerts von 80.000 Euro und ohne Sanierung zu erwartende, weitere Verzögerungen eine betriebswirtschaftlich vertretbare Option.
- Insgesamt also Mehrkosten / Margenverlust durch unangebrachte "Sparsamkeit" am falschen Ende zu Projektbeginn ca. 162.000 Euro !

Der Autor hat nicht nachgefragt, wie viel Marge sich das Systemhaus ursprünglich bei diesem Projekt erhofft hatte...

Es geht noch schlimmer

Dass es in vielen Fällen noch viel schlimmere Kollateralschäden geben kann, v.a. wenn durch das verpatzte Time-to-Market wichtige Umsatz- und Gewinnchancen nicht wahrgenommen werden können, sei noch kurz mit einem anderen Beispiel eines Entwicklungsprojekts aus dem Maschinenbau verdeutlicht.

Auch hier waren bei der Besetzung der Projektleitung mit einem „Fachmann" gravierende Fehler gemacht worden. Der Verzug kostete aber nicht nur ein paar Hunderttausend Euro mehr im Projekt, sondern hatte zusätzlich mit dem (zu) spät auf den Markt gekommenen Produkt auf der Verkaufsseite einen Ausfall in zweistelliger Millionenhöhe zur Folge, vom

Imageschaden und Marktanteilsverlust für den (dann ehemaligen) Marktführer nicht zu reden.

6. Zusammenfassung Kapitel 1: Warum Projekte schiefgehen

Projekte und Projektarbeit werden häufig **vom Unternehmensmanagement nicht ausreichend verstanden und wertgeschätzt** und deshalb

→ personell falsch besetzt und geführt

→ mit untauglichen Methoden und Werkzeugen gesteuert

→ nicht sinnvoll in die Unternehmensorganisation eingebettet

Der **Einfluss der Technik auf die Projektperformanz wird meist überschätzt**. Stattdessen haben **andere Faktoren weit höheren Einfluss** darauf, ob ein Projekt „funktioniert":

→ gut qualifizierte und projekt-geeignete Projektmitarbeiter, v.a. auch Projektmanager

→ realistische Planungen und Zeitbudgets für die Ausführung des Projekts und des Projektmanagements

→ kollaboratives Einbetten des Projekts in die Unternehmensorganisation

→ realistisches Berücksichtigen der Komplexität und Abhängigkeiten des Projekts

Wodurch Projekte in Krisen geraten, darüber gibt es viele Statistiken und Berichte, manche auch zu finden im Blog des Autors[6]. In seinen Seminaren zum Thema wird er aber auch immer gefragt, was man denn nun tun sollte, wenn ein Projekt in Problemen steckt, um es wieder in die Spur zu bekommen.

Zunächst muss man, wie in der Juristerei, sagen: Es kommt darauf an, nämlich darauf, woran es liegen mag, dass ein Projekt nicht so läuft, wie es soll. Das ist selten ein einzelner Grund, sondern in der Regel eine Melange aus mehreren Faktoren, die in die Bereiche Zeit, Mensch, Organisation oder Aufgabe einsortiert werden können. Diese Ursachen wurden im vorhergehenden Abschnitt ausführlich beschrieben. Und die sind zudem oft nicht einmal neu, sondern meist sehr trivial und dadurch so furchtbar unnötig und eigentlich nicht schwierig zu lösen.

1. Die Ursachen suchen

Was das Sanieren von Krisenprojekten nun so kompliziert macht, sind auch eher die Ursachen, warum die Fehler gemacht wurden, und nicht die Fehler selbst. Leider ist das aber auch der Grund, warum dann häufig an den Symptomen herum gedoktert und auf Selbstheilung gehofft wird – mit fatalen und teuren Folgen. Zu denken, dass man mit den gleichen Mitteln, die in die Krise hinein geführt haben, auch wieder aus ihr herausfindet, ist da ein gern geübter Selbstbetrug! Es wird aber gern einer effektiven Sanierung vorgezogen, weil

---

[6] Siehe https://eobz.de/?cat=6 „Research & Publikationen"

- Die gewählten (untauglichen) Mittel billiger erschienen (man hat am falschen Ende gespart)
- Diesen Fehler zuzugeben als Schwäche gedeutet werden könnte (Fehlerkultur)
- Einen Sündenbock zu finden einfacher und karriereunschädlicher ist (Fehlerkultur)
- Effektives Sanieren zusätzliches Geld kostet (man spart wieder am falschen Ende)
- Die Kollateralschäden nicht mit eingerechnet werden (Fehler- und Risikokultur)

Wie schon gesagt: Das Thema Organisation ist in mindestens der Hälfte aller Fälle an den Problemen der Projekte beteiligt. Deshalb nutzt es dann auch nichts, den Projektmanager an den Pranger zu stellen oder das Team zu erhöhtem Einsatz aufzufordern. Das Problem ist meist innerhalb des Projekts und durch das Projekt selbst nicht zu lösen! Und es braucht damit zur Lösung auch und vor allem eine andere Unterstützung durch die Fach- und Zentralabteilungen, und in den meisten Fällen auch und vor allem durch das Management.

Offen sein für Kritik

Offen zu sein für Kritik und die Suche nach den Ursachen hat aber noch weitere Vorteile. Wie bereits ausgeführt wird eine jede Restrukturierung eines Krisenprojekts erheblich erschwert, wenn nicht die Fehler sondern nur die Symptome angegangen werden. Im Zweifel überdecken die Maßnahmen nur die Probleme, und diese fallen einem dann an anderer Stelle zu einem späteren Zeitpunkt wieder auf die Füße. Vertanes Geld! Hingegen die Ursachen zu erkennen und abzustellen hilft einmal und auch nachhaltig, die Probleme in den Griff zu bekommen.

Der Lerneffekt tut ein weiteres, insbesondere wenn die Ursachen im Kontext der Initiative gefunden wurden. Da Erfolg bekanntermaßen attraktiv macht, wird es vielleicht sogar Schule machen, und die Ursachen werden auch für andere Projekte vermieden. Allein der Knowhow-Transfer aus dem Lernen aus Fehlern kann die Erfolgsaussichten vieler Projekte signifikant verbessern und, den Lernwillen der Organisation vorausgesetzt, sogar das Projektmanagement des Unternehmens reifen lassen.

Synergien aus dem Lerneffekt freisetzen

Dieser Effekt ist umso größer, je mehr Ursachen erkannt und die positive Veränderung in der Organisation, im Unternehmen adaptiert wird. Insofern kann eine Initiative in Schieflage sogar die Initialzündung für einen positiven Umbau des Unternehmens werden. Viele der Sanierungsaufträge des Verfassers haben sich in einer folgenden Beratung zur organisationalen Veränderung von Abteilungen und darüber hinaus fortgesetzt, nachdem den Verantwortlichen die Tragweite der im Projekt aufgetretenen Fehlerursachen und das Potenzial einer korrigierenden Change-Initiative bewusst wurde. Hierzu noch mehr in Abschnitt 2.5 „Maßnahmen zur Vorbeugung".

2. Sanierung ist Management-Aufgabe

Der Autor dieses Buchs hat viele Projekte in Schieflagen gesehen. Den meisten hat er helfen können, doch noch einen Deckungsbeitrag und Business-Nutzen zu bringen. Und diese hatten alle eines gemeinsam: Sie wurden auf Betreiben des Managements genauso beherzt und konsequent saniert, wie das Management im Falle einer Schieflage des Unternehmens selbst gehandelt hätte. Das belegt nebenbei auch, wie wichtig die

Wertschätzung einer Organisation ihren Projekten gegenüber für deren Erfolg ist.

Probleme eingestehen und handeln

Aus dieser langen Erfahrung kann man nur raten:

- Die Verantwortlichen im Projekt und im Management müssen den Mut zum Eingeständnis haben, dass ihr Projekt in Schwierigkeiten ist, und dass es Hilfe braucht, weil es  allein nicht oder nur unverantwortlich langsam wieder auf die Füße kommt. Als Projektmanager eskaliert man nachdrücklich, als verantwortliche Führungskraft handelt man beherzt und verantwortlich. Ein gescheitertes Projekt ist schlechter für das Unternehmen und die Karriere als ein erfolgreich saniertes!

- Warten verbrennt Geld und Vertrauen! Es ist sehr wichtig, frühzeitig zu handeln, also bevor das Projekt richtig vor der Wand (Meilenstein, Pönale usw.) steht. Je früher die Verantwortlichen die Probleme erkennen und angehen, desto geringer sind ihre Verluste. Und sie haben dann auch meist noch mehr Handlungsoptionen bzw. Verhandlungsmasse. Mehr Handlungsoptionen bedeutet auch eine preisliche Auswahl bei den Problemlösungen, das heißt je früher kann auch desto günstiger werden.

Verantwortung übernehmen und Unterstützung geben

Wie aber schon in den vorhergehenden Kapiteln dargelegt, muss es, wie für das Aufsetzen und die Unterstützung der Initiative schon wichtig, auch für die Sanierung einen Verantwortlichen aus der Führungsebene geben: am besten den Sponsor. Der Umstand, dass er eine Revision und eine Restrukturierung zur Stabilisierung anstößt, deutet ja schon positiv darauf hin, dass er am Erfolg dieser Maßnahme interessiert ist. Je höher er in der Hierarchie steht, desto besser kann er unterstützen, Lücken zwischen den Beteiligten (z.B. Abteilungen) schließen, vermitteln, andere Manager in ihrer Verantwortung mit einbinden, wichtige Entscheidungen auch mit Budgetauswirkung treffen, dem Projektmanager und seinem Team den Rücken freihalten usw.. Und er kann die Lehren aus dem Projekt weit in die Organisation tragen, Synergien freisetzen, den Lerneffekt und den Change befördern.

Umgekehrt wird ohne die Übernahme der Verantwortung durch das Management wie schon bei der Initiierung so auch bei der Sanierung die Initiative scheitern oder ihren Zielen hinterherlaufen. Jede Sanierungsmaßnahme wird sich schwer tun, bestenfalls das Projekt unter Verlusten abgeschlossen werden. Synergieeffekte werden ausbleiben und die nächsten Initiativen bald wieder vor den gleichen Problemen stehen. Mittel- bis langfristig kostet es das Unternehmen enormes verbranntes Geld und vermindert letztlich auch seine Wettbewerbsfähigkeit. Eigentlich können es sich also nur sehr kapitalstarke Unternehmen Manager leisten, die lieber ein paar Projekte abschreiben statt sie nachhaltig zu sanieren…

3. Vorgehen bei der Stabilisierung

Wie also bei einer Projektsanierung vorgehen? Wie schon geschrieben gibt es dafür kein allgemeingültiges Rezept. Jeder „Fall" liegt anders. Dennoch finden sich fast immer ein paar Patterns wieder, an denen sich ansetzen lässt.

Versachlichung der Probleme

In den meisten Fällen hilft schon eine Versachlichung der „Gemengelage". Wie in einer Ehekrise ist auch bei einer Projektkrise in den seltensten Fällen nur einer der Partner „schuld". Ähnlich wie bei den Problemursachen kommen auch hier mehrere Faktoren oder Vorkommnisse zusammen, die oft zu einer Verhärtung der Standpunkte führen. Meist hat eines das andere gegeben: der Lieferant hatte Lieferschwierigkeiten, dem Auftraggeber laufen dadurch seine ROI-Termine und – Chancen davon. Dabei übersieht er vielleicht, dass auch seine eigenen Beistellungen oder Abschlagszahlungen nicht so pünktlich und vollständig erfolgt sind, wie vereinbart. Er hält vielleicht sogar Zahlungen zurück, die dem Lieferanten wiederum zur Beschaffung seiner Leistungen fehlen. So oder so ähnlich setzt sich eine Spirale in Gang, die eingefangen werden muss.

Leider ist aber in dieser Situation meist das Gegenteil der Fall. Gegenseitiges Fingerzeigen verstellt den Blick auf die Zusammenhänge, die Argumente werden zunehmend unsachlicher. Aus Fakten, Vorhaltungen und Forderungen werden Positionen, die sich immer weiter voneinander entfernen.

Meist ist ab einem gewissen Punkt auch eine Sicherung der jeweils vermeintlichen rechtlichen und damit auch wirtschaftlichen Positionierung mit im Kalkül. In vielen Projekten, z.B. im Anlagenbau, gehört das Claim Management sogar mit zum „Spiel", und daran ist ja auch nichts auszusetzen, das macht ein Projekt noch nicht zum Krisenfall. Wenn aber schon die Juristen mit am Verhandlungstisch sitzen, eventuell bereits über „Rückabwicklung" und ruinöse Pönalen gestritten wird, tritt das eigentliche Projektziel oft in den Hintergrund und macht eine Sanierung umso schwieriger. Dieser Umstand unterstützt noch einmal das oben genannte Plädoyer, mit einer Projektrevision und –sanierung (recht)zeitig zu beginnen.

Dem geneigten Leser mag es bereits bewusst werden: Hier liegt eine der Haupt-Aufgaben, aber auch -Schwierigkeiten der Projektsanierung, nämlich aus der „Gemengelage" wieder heraus zu sortieren, was nun tatsächlich Fakten sind, was Ängste oder Ärger, was sich substantiierende Verluste und was Drohgebärden.

Das erfordert zunächst ein akribisches Studium der Vertragsunterlagen. Die Qualität dieser Unterlagen ist immer wieder sehr unterschiedlich und hängt sehr stark von den konkreten Vorstellungen der Parteien vom Inhalt („Scope") der Initiative ab. Der wird vor Projektbeginn möglichst genau vom Auftraggeber in einem Lastenheft definiert. Was aber, wenn der zu diesem Zeitpunkt eine noch gar nicht so sehr konkrete Vorstellung hatte, was der Scope umfassen soll, und eigentlich eher ein gewünschtes Ergebnis beschrieben hat? In mit klassischem Projektmanagement geleiteten Vorhaben wird der Auftragnehmer dem Lastenheft ein Pflichtenheft mit den von ihm zugesagten Leistungen gegenüberstellen, was in der Regel das spiegelt, was er aus dem Lastenheft herausgelesen und -interpretiert hat. Die sich aus dieser „Unschärfe" ergebende, potenzielle Differenz ist in vielen Fällen schon der erste sachliche Ausgangs- und Anhaltspunkt für die späteren Probleme. Wurden die gegenseitigen Erwartungen ausreichend diskutiert, hinlänglich geklärt und im gegenseitigen Einverständnis das Pflichtenheft unterzeichnet?! Und wie viele Änderungen haben sich im Verlauf der Initiative durch sich verändernde Anforderungen und/oder bessere Erkenntnis ergeben? Haben diese sich in den Vertrags- und Planungsunterlagen entsprechend im gemeinsamen Verständnis niedergeschlagen und zu einer vertraglichen Anpassung der Termine und Kosten geführt?!

In jüngerer Zeit wird mithilfe agiler Entwicklungsmethodik versucht, diese Differenzen zu minimieren. An die Stelle des Lastenhefts tritt das Backlog mit den Anforderungen, die vom Auftraggeber priorisiert werden muss und nach Erkenntnisstand auch aktualisiert werden kann. Die Abarbeitung der Stories genannten Umsetzungsbeschreibungen erfolgt dann inkrementell nach dieser Priorisierung, das Pflichtenheft steht also im Projektverlauf nicht fest sondern wird dem jeweiligen Aktualisierungsstand angepasst. Problemursache gelöst? Mitnichten: In beiden Fällen ist eine intensive Zuarbeit des Auftraggebers nötig, entweder beim Lastenheft und der Prüfung des Pflichtenhefts vorab oder kontinuierlich während der Definition und Reviews der Stories. Und genau bei dieser Beistellung geschehen die Problem-auslösenden Unschärfen und späteren Diskussionspunkte.

Zudem erlebt man immer wieder, dass Projekte zwar agil umgesetzt werden, die Unternehmen und die Verantwortlichen im Management jedoch nicht agil „ticken". Durch dieses mangelnde Verständnis für die Umsetzungsmethodik entzündet sich dann häufig ebenfalls ein Streit um die Einhaltung von Terminen und Kosten, obwohl in agilen Projekten durch die permanente Aktualisierung und Priorisierung des Backlogs die variable Größe der Scope ist.

Das Beispiel zeigt, wie sehr die Faktenlage von den vertraglichen Vereinbarungen abhängen kann, wie sehr aber auch unterschiedliche Blickwinkel auf die gleichen Fakten deren Interpretation verändern können. Es gibt noch eine Menge weiterer Einflussfaktoren, etwa Zulieferungen von anderen Lieferanten oder internen Abteilungen, die vom Auftragnehmer nicht zu verantworten sind, Force Mailleure, Ressourcenmangel oder auch Fehler in der Planung und Abstimmung einer Partei oder untereinander. Die möglichen Ursachen für Probleme und Streit sind wie gesagt sehr individuell und müssen sorgfältig aufbereitet und dargelegt werden. Die Trennung von sachlichen Fakten und subjektiven Wahrnehmungen ist aufwendig, aber unbedingt notwendig. Ihre Diskussion mit den Parteien kann schwierig sein, insbesondere wenn sich Positionen verhärtet haben, aber es ist auch ebenso gut möglich, dass schon die saubere Aufbereitung der Gemengelage einen großen Teil des „Knotens" durchschlägt.

Interessen vs. Positionen

Wo Positionen festgefahren sind und das Fortkommen behindern, müssen diese aufgelöst und die dahinter stehenden Interessen wieder bedient werden. Zur Erklärung: Interessen sind das, was die Vertragsparteien bei Vertragsabschluss als jeweiligen Nutzen aus der Initiative im Sinn hatten, also der jeweilige Business Case. Der mag sich aus mehreren Komponenten, materiellen und immateriellen, substanziellen und ideellen zusammensetzen und eventuell in Einzelkomponenten oder nur als (Teil-)Gesamtes erreichen lassen.

Im Gegensatz dazu stehen die Positionen, die oftmals aus den Interessen abgeleitet oder sogar mit diesen gleichgesetzt werden. Je weiter man sich vom Business Case entfernt, desto mehr werden Positionen als unabdingbar postuliert, ihr Durchsetzen tritt an die Stelle der eigentlichen Interessenverfolgung. Das klingt irrational, ist es auch, aber der Drang zur Dominanz liegt in der menschlichen Natur und hat ja leider auch schon zu weit Schlimmerem als einem verkorksten Projekt geführt.

Interessensausgleich

Es gilt also, Positionen durch Versachlichung und „Entemotionalisierung" wieder zu den Interessen zurück zu

führen, den Blick wieder auf die Business Cases zurück zu lenken und dabei auch die Opportunitätskosten eines Durchsetzens von Positionen zu verdeutlichen. In vielen Fällen ist das jedoch ohne einen neutralen Dritten nicht mehr möglich. Bevor dies aber Anwälte und ein Gericht sind, sollte man lieber die Neutralität eines Gutachtens nutzen, das idealerweise alle Parteien gleichermaßen bezahlen. Wenn dies nicht erwünscht ist, so hilft ein solches Gutachten immerhin einer Partei, die „Gemengelage" besser zu verstehen und zielführende Kompromisse und Maßnahmen vorzuschlagen.

Jede Sanierung muss einen Interessen-Ausgleich herbeiführen. Das Kind liegt im Brunnen, der Business Case wird wahrscheinlich nicht mehr wie geplant erreichbar sein, für keinen der Beteiligten. Andererseits nützt ein gecanceltes

Projekt niemandem! Also muss man zusammen nach gemeinsamen Lösungsansätzen suchen, die allen Interessen „gefühlt fair" gerecht werden. Das neutrale Gutachten ist die Basis für solche neuen Vereinbarungen und Maßnahmen.

Ein Interessensausgleich kann durch Kompromisse herbeigeführt werden, bei denen beide Parteien einen gewissen Verzicht, z.B. in Bezug auf ihren ursprünglichen Business Case, üben, um insgesamt doch noch einen Deckungsbeitrag und Nutzen aus den bereits getätigten Investitionen zu sichern. Das erfordert Offenheit in den Verhandlungen – angesichts der in der Krise angespannten Vertrauenslage manchmal nicht ganz einfach zu üben. Die jeweiligen Business Cases in dem neutralen Gutachten gleich mit zu behandeln kann daher ein Schlüssel zu einer offenen und fairen Kompromissbildung sein.

Aber nicht immer sind Abstriche der Königsweg. Gerade bei lang laufenden Initiativen, z.B. Programmen, können Veränderungen beim geplanten Nutzen eine bessere Alternative sein, insbesondere wenn diese zu Mehrnutzen führen. Nehmen wir zur Veranschaulichung ein Projekt, das durch erhebliche Verzögerungen sein Time-to-Market für den Auftraggeber zu verlieren droht. Vielleicht haben sich in der Zwischenzeit Veränderungen im Markt ergeben, die eine Erweiterung des Scopes um zusätzliche Leistungen, z.B. Features, die es zum Zeitpunkt des Vertragsabschlusses noch nicht gab oder die damals nicht bestellt wurden, als sinnvoll erscheinen lassen. Für den Auftraggeber ergibt sich hierdurch zusätzliches Nutzenpotenzial, etwa mit erweiterten Geschäfts- oder Rationalisierungsmöglichkeiten, für den Auftragnehmer die Gelegenheit, fehlende vertragliche Leistungen „straflos" nachzuliefern und gleichzeitig zusätzliche Leistungen - eventuell preisreduziert - zu verkaufen.

Die Interessen beider Parteien werden also bedient, eventuelle Abstriche möglicherweise sogar kompensiert, wenn Interessen auf der Sachebene objektiv diskutiert werden können. Die Aussicht darauf sollte eigentlich Ansporn sein, einen „Neuanfang" zu wagen und nicht nur die Sanierung sondern auch die erfolgversprechende Weiterführung der Initiative gemeinsam zu wagen.

Zusammenarbeit

Der Erfolg wird sich nur mit einer Zusammenarbeit der Parteien einstellen. Die wird vielleicht nicht mehr so vertrauensvoll sein wie zum Beginn des Projekts, aber das kann man gegebenenfalls mit gemeinsam vereinbarten, neutralen Audits wieder ausgleichen.

Wo sich in der angespannten Situation der Krisenlage die Parteien oft zur Wahrung ihrer Positionen in ihren weiteren Beiträgen zurückhalten, lieber ihre Energie in das sich gegenseitige „Beharken" stecken und damit sich selbst und gegenseitig blockieren, ist an ein gedeihliches Vorwärtskommen nicht zu denken. Hier ist geschickte Moderation und Stakeholder Management gefragt, um die verfahrene Kommunikation wieder in produktive Bahnen zu lenken. Auf allen Ebenen, denn nicht nur die Leitungsebene hat sich aufeinander „eingeschossen", sondern auch die Mitarbeiter sind wahrscheinlich von dem bisherigen Misserfolg frustriert und nicht sonderlich gut aufeinander zu sprechen. Kleine Nicklichkeiten und Schikanen haben sich vieler Orten eingebürgert, vom Zuspätkommen oder nicht abgemeldetem Versetzen bei Besprechungen über verzögerten Antworten auf Anfragen bis zu schier endlosen Schleifen bei Email-Abstimmung nach der Devise „Cover-Your-Back".

Hier den Projektleiter, der ja durch die Krisensituation sowieso schon im Feuer steht, allein zu lassen, wäre ein fataler Fehler. Er braucht neben der Rückendeckung durch sein Management vor allem Coaching, Anleitung und einen Gesprächspartner, der keinen zusätzlichen Druck auf ihn übt. Er kennt das Projekt, die Stakeholder, die formellen und informellen Hierarchien und Kanäle und ist sicher dankbar für jeden Hinweis und jede Hilfe, die ihn aus seiner verfahrenen Situation heraus und wieder ins „Spiel" zurück bringt.

Überhaupt kann man die „Genesung" einer Initiative erheblich beschleunigen, indem man den „Geprügelten" schrittweise wieder Erfolgserlebnisse verschafft. Das kann mit guter Projektmanagement-Methodik, Moderation und zeitweiser Übernahme von Führungsaufgaben geschehen, aber auch mit guter Kommunikation innerhalb und außerhalb des Projekts, um den Druck etwas heraus zu nehmen und dem Team Deckung und Freiräume zum Arbeiten zu geben. Gerade beim überbordenden Informations- und Berichtsbedarf aus dem Management, der sich in Schieflagen fast immer automatisch einstellt, kann eine geschickte Kanalisierung, Regulierung und dann unterstützende Zuarbeit so viel Raum für die eigentlich notwendigen Arbeiten schaffen.

Gelingt es, sich mit Hilfe neutraler Revision, Vermittlung und Kontrolle „zusammenzuraufen", wird man das Projekt auch einigermaßen gut zu Ende bringen und damit Deckungsbeitrag und Nutzen sichern können. Ein starker, sozial- und methodenkompetenter Projektmanagement-Fachmann hilft, die notwendigen Maßnahmen auch konsequent umzusetzen und dabei neben dem Projekt auch die Organisation zum Erfolg zu führen – mit Betonung auf dem Führen, um auch bei den wirklichen Fehlerursachen ansetzen zu können.

4. Interne oder externe Sanierung?

Aus diesen Ausführungen spricht auch ganz klar das Plädoyer, sich für die Begutachtung und Sanierung der neutralen Hilfe Dritter, also Externer zu bedienen. Der Blick von außen verhindert „Scheuklappen", die Probleme weiter da zu suchen, wo sie gar nicht sind. Vielmehr fallen dann auch die wie weiter oben beschriebenen, oftmals recht trivialen Dinge auf, die einem Internen, weil „schon immer so gewesen", erst gar nicht in den Sinn kommen. Wenn dann noch eine profunde Erfahrung aus anderen Sanierungen hinzukommt – ein Skillset, der intern eher selten vorhanden sein dürfte - sind Analyse und Maßnahmendefinition meist gar nicht mehr fern.

Erfahrungsgemäß führt diese Expertise auch häufig dazu, dass der Analyse, etwa verpackt in einem Projekt-Gutachten, mehr Gehör geschenkt wird als den mahnenden Eskalationen der internen Akteure zuvor. Die „zweite Meinung" des externen Spezialisten hat oft ein anderes Gewicht als die Mahnungen der „Propheten im eigenen Lande". Dann kommen die Dinge endlich ins Laufen, die vielleicht schon viel früher hätten initiiert werden müssen.

Der Projektsanierer muss nicht aus der Branche oder „vom Fach" sein. Fachspezialisten hat es im Projekt wahrscheinlich genug. Was in Krisenprojekten jedoch fast immer fehlt ist ein Fachmann im Projektmanagement mit ausgesprochenen Führungsqualitäten, denn aus der Krise heraus muss einer nicht nur das Projekt, sondern auch dessen Umfeld, im Zweifelsfall sogar seine eigenen Auftraggeber führen können. Und weil das ja aus eigener Kraft (und mit dem eigenen Management) nicht geklappt hat, muss eben ein externer Projektsanierungs-Spezialist her.

Außerdem ist ein Externer per se sachlich und neutral, was noch dadurch unterstrichen werden kann, indem ihn alle Projektparteien gleichermaßen beauftragen. Wichtig ist auch, dass ein Externer Dinge offen ansprechen kann, auch Dinge, die jemand auf einer internen Karriereleiter vielleicht so zu den notwendigen Adressaten nicht sagen würde. Jeder Umweg ist aber weiterer Zeit- und Geld-Verlust, und den kann sich gerade ein Projekt in Schieflage nicht mehr leisten.

5. Maßnahmen zur Vorbeugung

Mit gutem Projektmanagement ein Krisenprojekt aus seinen Schwierigkeiten führen - damit wäre der erste wichtige Schritt getan, um auch innerhalb der Organisation das Ansehen des Projektmanagements zu heben. Um aber der nächsten, ähnlichen Projektkrise vorzubeugen, müssen Executives an die Ursachen der Fehler gehen und in die Qualität ihres Projektmanagements investieren.

Ausbildung

Da immer noch vieler Orten Projekte von „erfahrenen" Mitarbeitern ohne Projektmanagementausbildung geleitet werden, wäre eine der besten Investitionen eben die in diese internen Skills. Es ist schwer zu beschreiben, wie sehr die Qualität von Projekten steigt, wenn erfahrene Kollegen ihre Erfahrung an einer Best Practice Methodik spiegeln können. Plötzlich ist das nicht mehr nur ein geübtes Bauchgefühl, sondern man weiß, warum Dinge funktionieren oder eben nicht. Damit wären schon mal die Hälfte die Fehler aus dem Ursachenpool „Mensch" behoben. Und weitere Problem-faktoren haben eine geringere Chance, ihr Spiel mit den

Initiativen zu treiben, wenn der Projektmanager um ihre latente Gefahr weiß und sie beobachtet oder ihnen vorbeugt.

Wohl gemerkt, es geht hier nicht um die Einführung eines Tools. „A Fool with a Tool is still a Fool" und „für jemanden, der nur einen Hammer kennt, sieht alles aus wie ein Nagel". Erst wenn man begriffen hat, was man da tut bzw. tun muss, macht die Anwendung eines Werkzeugs zur Arbeitserleichterung Sinn. Es geht vielmehr um den Aufbau von internem Knowhow. In unzähligen Projekten in Schieflage hat der Verfasser den ihm Anvertrauten und deren Management gezeigt, wie es geht, und sie angehalten, es ihm nachzutun. Es hat immer zum gewünschten Erfolg geführt. In vielen Fällen seiner Projekt-Sanierungen wurde er nachher gefragt, wie er das denn nun gemacht habe, und ob er nicht zeigen könne, wie man es künftig besser machen sollte. Ein guter Ansatz, denn notleidende Projekte kosten viel mehr Geld als gutes Projektmanagement im Unternehmen je kosten kann.

Aber auch auf der Habenseite bringt gutes, internes Prozess-Knowhow dem Unternehmen einige Vorteile. So ermöglicht die Verbesserung der Projektmanagement-Prozessqualität

- Eine effiziente Überwachung und Steuerung der Projektsituation

Effizienz	+ 60%
Budget	+ 30%
Timing	+ 24%

Abbildung 5: Verbesserung der Projektergebnisse

- Schnellere und effizientere Reaktion
- Bessere Prozess-Performanz- und -Effizienzkontrolle
- Konsistenz und Replizierbarkeit von Ergebnissen

Nach einer Studie des Project Management Institutes (PMI) aus dem Jahr 2007[7] führt eine gute Projektmanagement-ausbildung der Projektleiter auch nachweislich zu einer deutlichen Verbesserung der Projekt-Ergebnisse wie etwa steigende Plan- und Zieltreue (CPI/SPI mind. +20%) und Kosteneinsparungen, z.B. durch Vermeidung von ungeplanten Überstunden, teuren Nachbesserungen etc.

Die Investition in gutes, internes Projektmanagement-Knowhow erweist sich also als gut angelegtes Geld. Insbesondere für Unternehmen, in denen Projekte zum Alltag zählen oder gar fester Bestandteil des Geschäftsmodells sind, ist sie eine strategische, die über Marktanteile und Deckungsbeiträge entscheidet.

Change Management

Als angenehmer Nebeneffekt steigt im Allgemeinen mit dem Erfolg auch die Anerkennung und die Wertschätzung der Akteure. Das heißt das Standing der Projektleiter und Mitarbeiter im Unternehmen verbessert sich zusehends, und auch das Ansehen von Projekten und ihrer verantwortlichen Manager profitiert. Machen wir uns aber nichts vor: dadurch wird aus einer gewachsenen, produktorientiert denkenden Unternehmensorganisation noch keine projektfreundliche oder gar projektorientierte.

Das bedeutet, dass neben der Ausbildung interner Projektmanager bei einer Vielzahl von Unternehmen vor allem auch Change Management im Unternehmen hinsichtlich ihrer Projektorganisation und -kultur notwendig sein wird. Die

---

[7] Vgl. PMI Thought Leadership Survey 2007

Ansatzpunkte hierfür wurden in Kapitel 1 und 2 dieses Abschnitts beschrieben.

Dieser Prozess ist in jedem Fall nicht kurzfristig umsetzbar, denn er geht an gewachsene Strukturen und Gewohnheiten und muss viele Menschen im Unternehmen mitnehmen und überzeugen. Das wichtigste dabei ist jedoch wieder, dass er nicht nur ein „Feigenblatt" sein darf, sondern von ganz Oben gewollt, unterstützt und durch die gesamte Organisation konsequent vorangetrieben wird. Da ist zwar dann auch oft viel Politik dabei, aber die Inkonsequenz und Opportunität der Politprofis sollte man sich nicht zum Vorbild nehmen, wenn man möglichst effektiv und effizient Erfolge generieren möchte.

Eine umfassende Behandlung aller Änderungsbereiche kann an dieser Stelle nicht erfolgen. Zu groß ist die Bandbreite sowohl der möglichen Schwachpunkte im Unternehmen und in den bisherigen Initiativen als auch der Maßnahmen, die sich zur Umstellung anbieten oder als unerlässlich aufdrängen. Was in welcher Form und Tiefe opportun sein wird richtet sich nach dem organisatorischen Ist-Zustand, den in den Initiativen gefundenen Problem-Patterns, dem Geschäftsmodell und dem Projektgeschäft des Unternehmens und natürlich auch nach den strategischen Zielen, die man sich mittel- und langfristig gesetzt hat oder setzen will.

Vielleicht ist die hier eingenommene Perspektive aus einer oder mehreren Initiativen mit Problemen auf notwendige Veränderungen im Gesamtunternehmen auch etwas eng, um eine solche Change-Initiative zu definieren und ihren Inhalt (Scope) zu umschreiben. Daher hat der Autor in einem anderen Buch einen mehr betriebswirtschaftlichen Blickwinkel dafür gewählt und geht dort Top-down bei den Unternehmenszielen ansetzend auf die Wirkung und Tragweite der Maßnahmen, die Bottom-up umgesetzt werden müssen, ein.

Dennoch soll hier wenigstens eine kleine Vorschau auf diese komplexe Aufgabe gegeben werden. In den vorstehenden Kapiteln wurde viel über eine hierzulande oft vorherrschende Führungs- und Fehlerkultur, die nicht flexibel und schnell genug auf sich ändernde Rahmenbedingungen eingeht und Fehler zu machen stigmatisiert, geschrieben. Das passt nicht zu Projekten, die per Definition Neuland betreten und in einer von Unsicherheiten geprägten Umgebung durchgeführt werden. Preußische Hierarchien, Vorschriften und Kontrolle werden mangels Vorhersagbarkeit den Notwendigkeiten zur Anpassung an sich verändernde Anforderungen und Rahmenbedingungen nicht gerecht. Und in Unsicherheit werden auch manchmal falsche Entscheidungen getroffen, die rasch und ohne Sanktionsbedrohung korrigiert werden müssen. Daher sind diese überkommenen Führungsmuster im Projektgeschäft nur suboptimal anwendbar und ein gewichtiger Grund, warum man in den letzten Jahren auch von prädiktiven Projektsteuerungsmethoden wie dem Wasserfall- und V-Modell zunehmend abgekommen ist zugunsten von agileren Vorgehensweisen.

Nebenbei: Auch dabei wurde wieder gern übertrieben, denn Agilität ist kein Allheilmittel, erfordert noch mehr Methode, Disziplin und eingespielte Teams und stößt bei der Skalierung oft an ihre Grenzen. Deshalb bevorzugt der Verfasser, sozusagen Neues mit Bewährtem situationsadäquat zu verbinden und baut gern hybride Projektsteuerungskonzepte nach den individuellen Anforderungen bei seinen Kunden auf.

Aber auch das erfordert zumeist einen Paradigmenwechsel in der Projektkultur der Unternehmen. Das kann kleineres Umdenken sein wie beispielsweise mehr Selbstverantwortung in den Teams und bei den einzelnen Mitarbeitern, flexible, ergebnisorientierte Arbeitszeiten, Stechuhren nur noch zur Anwesenheitsfeststellung etwa für den Brandfall, Home Office für effizientere Zeiteinteilung, aber auch Co-Location des Teams im Büro zur Förderung direkter Kommunikation anstelle asynchroner Emails.

Ein größerer Eingriff in die Komfortzonen mancher Mitarbeiter und deren Vorgesetzten ist da schon eine dedizierte Zuteilung der Arbeitskraft zu einer Initiative anstelle der gewohnten, sozialen und disziplinarischen Umgebung der Abteilung. Umso mehr, wenn dann auch noch, wie etwa in Kundenprojekten, die Gewinn- und Verlustverantwortung (P&L) auf die Initiativen übergehen soll, globale statt lokale Optimierung gefordert wird und die Fach- und Stammabteilungen den Projekten zuarbeiten müssen.

Weitere organisatorische Maßnahmen wie die Einführung eines Projektmanagement-Office (PMO) zur effizienten Entlastung der Projekte von Projektmanagement-Routine-aufgaben und/oder eines Projektportfoliomanagements (PPM) zur strukturierten, regelbasierenden Priorisierung des Ressourceneinsatzes in den Initiativen nach dem Businessnutzen mögen auch noch zur Schaffung neuer oder Beschneidung hergekommener Kompetenzen führen.

Die Beispiele zeigen, dass in einer Change-Initiative in der Regel dicke Bretter gebohrt werden müssen. In unserem Fall, der ja auf eine (höhere) Projektreife des Unternehmens abzielt, steht dem als Belohnung bessere Projekt-Performanz, bessere

Projektergebnisse, weniger Projektprobleme und Problem-projekte gegenüber. Der Geschäftsnutzen und Wertzuwachs für das Unternehmen geht aber noch weit über das Projektgeschäft hinaus.

So beinhaltet ein Projektmanagement nach „Best Practices" unter anderem regelmäßig ein kontinuierliches Risikomanagement für die Initiativen, was in der Mehrzahl der Sanierungsfälle des Autors bis dahin nicht vorhanden oder nur stiefmütterlich betrieben wurde. Pro-aktiv gesteuerte Risiken bedeuten jedoch weniger Verluste und damit höhere Margen in den Projekten. Zudem wird mit einer integrierten Steuerung der Initiativen auf Programm- (PgM) und / oder Organisations-ebene (PPM) der zu leistende Aufwand anhand des Business Nutzens priorisiert und gesteuert, was eine deutlich höhere Ressourcen-Effizienz zur Folge hat. Beide Maßnahmen wirken also auf eine höhere Kapitalproduktivität des Unternehmens hin.

Und schließlich ist auch eine Umsatzsteigerung durch professionelle Projektprozesse erreichbar, etwa höherer Projekt-Durchsatz und damit höhere Kapazität durch reibungsloser verlaufende Projekte. Der Imageeffekt zuverlässiger Leistungen mag überdies mit höherer Kundenzufriedenheit und –bindung zu mehr Attraktivität am Markt und damit zu Image- und Wettbewerbsvorteilen führen. Die über flexible Anpassungs-fähigkeit an den Markt und die erwähnte integrierte Steuerung machen dann auch fit, erweiterte Geschäfts-Möglichkeiten auch bedienen zu können.

Schon erstaunlich, wozu eine zu scheitern drohende Initiative durch das Ziehen der richtigen Konsequenzen gut werden kann…

6. Zusammenfassung Kapitel 2: Wie man Krisenprojekte erfolgreich stabilisiert

In mehr als der Hälfte aller Krisenprojekte ist das **Problem ist meist innerhalb des Projekts und durch das Projekt nicht zu lösen**, da es durch seine schlechte Einbettung in die Unternehmensorganisation verursacht ist!

Daher liegt es primär an und in der **Verantwortung des Managements**, ob die Krisensituation behoben und künftig vermieden werden kann:

→ die Krisensituation erkennen und sich **eingestehen**

→ **frühzeitig** und konsequent eine Sanierung einleiten

→ die **Situation versachlichen**, Positionen auflösen und zu den Interessen zurückkommen

→ sich dabei auch der neutralen **Hilfe Dritter** bedienen

→ nachhaltig an den Ursachen, auch außerhalb des Projekts, arbeiten (Vorbeugung!)

NACHWORT

Dieses Buch ist eine Sammlung von Erfahrungen des Autors mit Initiativen in Schieflage. Dem Praktiker unter den Lesern fallen dazu sicher Situationen und „Anekdoten" aus dem eigenen Projektleben ein, die sich so oder so ähnlich zugetragen haben. In keinem Fall erhebt sie den Anspruch auf Vollständigkeit, wohl aber das Postulat, dass sich die allermeisten Problemsituationen in Projekten auf die genannten Zusammenhänge abstrahieren lassen.

Es spiegelt den aktuellen Stand des Autors an Kenntnissen und Ideen zum Thema wider. Daher soll die Intention dieses Buchs sein, Anregung zur fortgesetzten Diskussion und Elaboration zu geben. Es wäre erfreulich, wenn viele weitere, erweiterte Auflagen folgen werden.

Im letzten Abschnitt wurde zudem die Notwendigkeit zu einer konsequenten Veränderung der Projektreife, insbesondere für Unternehmen, in denen Projekte nicht Ausnahmen sind (und das sind die allermeisten!), herausgestellt. Damit und mit den erforderlichen „Umbau-Maßnahmen" im Unternehmen und in den Köpfen, wird sich ein weiteres Buch des Autors aus einer mehr strategischen und betriebswirtschaftlichen Perspektive eingehend befassen.

So bleibt, mit all den vorstehenden Erkenntnissen „im Koffer" am Ende die für das „Schicksal" so vieler Problem-Projekte entscheidende Frage:

Worauf warten also Projektverantwortliche in Projektleitungs- oder Managementfunktion noch, wenn sie Projekte kennen, die nicht so laufen, wie sie sollen, die vielleicht sogar in eine Krise oder außer Kontrolle geraten sind?!

VERZEICHNIS DER ABBILDUNGEN

LITERATURVERZEICHNIS

Gartner Reports, 2008
Gesellschaft für Projektmanagement (GPM)
    Studie „Vermessung der Projekttätigkeit", 2016
Henning Zeumer Projektmanagement:
    http://www.der-Projekt-Sanierer.de
Project Management Institute (PMI)
    Thought Leadership Survey 2007
Standish Group, Chaos Report, 2006, 2015, 2020
Wikipedia: https://de.wikipedia.org

ABKÜRZUNGSVERZEICHNIS

CEO = Chief Executive Officer, Vorstandsvorsitzender
CIO = Chief Information Officer, Leiter der IT
CFO = Chief Finance Officer, Finanzvorstand
COO = Chief Operations Officer, Betriebs- oder
Produktionsvorstand
CPI = Cost Performance Index
F&E = Forschung und Entwicklung
GPM = Gesellschaft für Projektmanagement
IRR = Internal Rate of Return, interne Verzinsung
IT = Informationstechnologie oder -abteilung
P&L = Profit and Loss, Gewinn und Verlust (z.B.
Verantwortlichkeit für…)
PgM = Programmmanagement
PM = Projektmanagement
PMI = Project Management Institute
PPM = Projekt-Portfoliomanagement
ROI = Return on Investment, Mittelrücklauf aus den
Investitionen
SPI = Schedule Performance Index
VP = Vice President, Bereichsleiter